MÉMOIRE

sur

LES ARCHIVES

de

L'ABBAYE DE MARCHIENNES,

Par M. **LE GLAY**,

GARDE DES ARCHIVES DU NORD,
CORRESPONDANT DE L'INSTITUT, MEMBRE CORRESPONDANT DE LA SOCIÉTÉ.

DOUAI,
ADAM D'AUBERS, IMPRIMEUR RUE DES PROCUREURS, 12.
— 1854 —

MÉMOIRE

SUR

LES ARCHIVES

DE

L'ABBAYE DE MARCHIENNES,

par M. LE GLAY.

> Mihi vetera jampridem meditanti vetus
> quodam modo fit animus; et inter humanas
> vices antiquis ecclesiæ rebus occupari non
> modica solatii portio videtur.
>
> (MABILL. *Veter. Analect. Præfat.*)

Nos abbayes de la Flandre et du Hainaut, situées pour la plupart en pleine campagne et exposées ainsi à tous les désastres de la guerre, du brigandage et des calamités fortuites, ont dû faire et ont fait de siècle en siècle des pertes considérables. Depuis l'époque où, suivant l'expression du poète Prudence (1),

(1) Chartulas blasphemus olim nam satelles abstulit,
 Ne tenacibus libellis erudita sæcula,

« des satellites impies arrachaient aux premiers chrétiens leurs
» livres et leurs chartes, afin d'étouffer la mémoire de ces temps
» merveilleux », que de chroniques lacérées, que de diplômes jetés à l'eau et au feu, que de tableaux brisés, mutilés, dispersés !
Vous ne sauriez ouvrir une seule histoire de nos monastères,
sans y lire le récit plaintif des dévastations de tout genre commises en premier lieu par les Huns, les Normands, les Hongrois,
puis par les bandes armées de province à province, par les
paysans révoltés, par les agresseurs féodaux du voisinage. Faut-il s'étonner après cela qu'il nous reste si peu de titres monastiques pour l'âge primitif et même pour le moyen-âge ! Ce qui
doit étonner plutôt, c'est que tant et de si précieux débris aient
survécu à tant de naufrages. Conservées et rangées avec beaucoup plus de soins que celles des villes et des princes, les archives d'abbayes trouvaient aussi quelquefois leur salut dans le
respect qu'elles inspiraient, comme choses religieuses, aux dévastateurs les plus déterminés.

Les archives de l'abbaye de Marchiennes, qui vont nous occuper, semblent avoir joui quelque peu d'un tel privilége. Fondée
au VIIe siècle pour les deux sexes, cette maison a conservé des
actes du IXe et du Xe. Le diplôme de Charles-le-Chauve (877)
que Miræus reproduit, 1, 138, ne se retrouve pas en original;
mais il en existe une copie du XIIIe siècle; et de plus il est
inséré dans le principal cartulaire de l'abbaye, lequel date du
XIIe siècle.

En fait de titres originaux, le plus ancien qui soit dans ce
fonds est un diplôme de 976 que je décrirai ci-après.

Du reste, les archives de Marchiennes, ménagées par les
barbares d'autrefois, auraient été moins heureuses sans doute,

Ordinem, tempus modumque passionis proditum,
Dulcibus linguis per aures posterorum spargerent.
PERI STEPHANON. *Hymn. in honorem SS. Emeterii et Cheldonii.*
(Édition de M. Hurez, in-12, Cambrai, 1821, p. 67).

il y a soixante ans, si l'on ne se fût hâté de les soustraire à la brutalité des barbares d'alors.

PORTIONS D'ARCHIVES DÉPOSÉES A DOUAI.

Jusqu'au mois de septembre 1840, nous ne possédions que la plus faible partie de ces archives. Une autre portion notable et très précieuse reposait au greffe de la Cour royale de Douai. En 1790, l'abbaye, menacée de pillage et inquiétée tous les jours par les désordres populaires des environs, adressa au Parlement de Flandre, qui existait encore, une supplique pour le prier d'admettre dans son greffe une quantité de papiers et titres anciens dont elle craignait la destruction. Le Parlement rendit, le 26 février 1790, un arrêt qui chargeait trois conseillers de recevoir ce dépôt sous inventaire.

Sur ma demande, M. le préfet réclama de M. le garde-des-sceaux la réintégration des archives dont il s'agit dans la collection départementale. Ce qui eut lieu le 14 septembre 1840. Le 10 octobre suivant, j'eus l'honneur d'envoyer à M. le ministre de l'instruction publique et des cultes l'inventaire détaillé des pièces remises.

J'extrais de cet inventaire la nomenclature suivante des titres antérieurs au XIIIe siècle.

Actum Doacense Castello, anno Dominice Incarnationis DCCCCLXXVI, *regnante domino Lothario, anno* XXII *feliciter.* Lothaire, roi des Francs, à la demande d'Emma, son épouse, restitue la villa de Haines à Judith, abbesse de Marchiennes.

> Original en parchemin avec le monogramme de Lothaire et une portion notable de son sceau appliqué sur la charte.

Imprimé dans AUBERT LE MIRE, I, 143, et dans BUZELIN, *Gallo-Flandria*, 342.

Au dos de l'acte il s'en trouve un autre d'écriture contemporaine avec la finale suivante : *Actum dominico, coram testibus multis et videntibus plurimis quorum nomina et signacula subter habeant. Signum Martini prepos. S. Grimoldi, S. Grimberti, S. Gisleberti, S. Richarii, S. Balduini march. S. Vuerini, S. Seiheri, S. Rotberti, S. Bera, S. Vinsegart, S. Amalberge, S. Lotharii regis gloriosi.* L'abbesse Judith déclare accepter la donation précédente qui lui est faite par le roi Lothaire. Du reste, ce dernier titre, dont la formule initiale paraît tronquée, ne se trouve pas dans le beau et ample cartulaire que nous avons également rapporté de Douai.

Actum Atrebati, curte publica in capella S. Benedicti, anno Domini MXXXVIII, *ind.* VI, *epact* XII, *anno* IV *Balduini gloriosi comitis, rege Francorum Henrico.* Bauduin de Lille, comte de Flandre, institue Hugues Havet d'Aubigny protecteur de l'abbaye de Marchiennes, et établit les droits attachés à cette avouerie.

>Orig. en parch. dont le sceau a disparu, mais où restent encore les attaches en parchemin.

Imprimé d'une manière très infidèle dans AUBERT LE MIRE (Miræus), 1, 639.

Actum anno Domini MXLVI, *ind.* XVI, *concurr.* II, *ep.* XI, *apud Atrebatum, regnante Henrico Francorum rege.* Bauduin de Lille, comte de Flandre, énumère et confirme les possessions de l'abbaye.

>Orig. en parch. portant encore les débris du sceau contenus dans une bourse de soie rouge.

Imp. dans Miræus, IV, 179, avec plusieurs incorrections dans les noms de lieux (1) et de personnes. Carpentier a donné, sous la date de mai 1047, un diplôme du même Bauduin de Lille, dont je ne vois aucune trace dans le fonds de Marchiennes.

(1) LE MIRE et son continuateur FOPPENS excellent à défigurer les noms de lieux. Pour en voir un curieux exemple, il suffit de jeter les yeux sur le diplôme de la comtesse Marguerite, en faveur de

Actum Atrebati, anno ab Incarnatione Domini et Salvatoris nostri Jehu Cristi MCIII, *indict.* XI, VI n. *martii, anno autem pontificatus domini Lamberti* IX. Lambert, évêque d'Arras, mande à Adalard, abbé de Marchiennes, qu'il confirme la liberté des autels concédés à cette abbaye : savoir dans le comté de Flandre (*pagus Leticus*) Lorgias, Alcis, Masengarba, Hainas ; dans l'Artois (*pagus Atrebatensis*) Bairis ; dans le comté de Hainaut (*pagus Ostrevannus*) Hanic, Ascons et Hamaticum.

Orig. en parch. portant un sceau en placard très bien conservé.

Datum apud MonteCasinum, per manum Aimerici Ste. romane ecclesie diaconi cardinalis et cancellarii, kal. novembris, indict. II, *Incarn. Dominice anno* MCXXIII, *pontificatus autem domini Calixti secundi pp. anno* V. Le pape Calixte II confirme les diverses possessions de l'abbaye.

Orig. en parch. La bulle de plomb manque, mais les attaches restent (1).

Actum Insule, curte publica, anno Domini MCXXV. Charles, comte de Flandre, règle les droits de l'avouerie de Marchiennes.

Orig. en parch. auquel pendent les débris d'un sceau enfermé dans une bourse de parch.

Actum Insule, indictione III, *concurrente* III, *epacta* XIIII, *regnante glorioso rege in Francia, anno Incarnati Verbi* MCXXV. Charles, comte de Flandre, voulant protéger les habi-

---

Marchiennes, IV, p. 242. Ainsi *curtem hoio* pour *curtem hominum*, *Wasconis Curia* pour *Wasconis Curva*; *fossatum quoque de Move* au lieu de *Mons*; *Erleverchies* pour *Eleverchies*; *Selregnies* pour *Selzegnies*; *Ascens* pour *Abscons*; *Avich* pour *Anic*; *Gorgeron* pour *Gorgecon*; *Periches* pour *Perices*; *Badengies* pour *Badegnies*; *Beuria* pour *Beurvi*; *Archies* pour *Orchies*, etc., etc.

(1) Inséré avec des notes dans nos *Nouveaux Analectes*, in-8°. Lille, 1852, p. 11-20.

tants de Haines et du canton de Weppes contre les exactions des avoués, établit les droits respectifs de chacun d'eux.

Orig. dont le scel a été enlevé. Cet acte est inséré avec des suppressions considérables dans le cartulaire de Marchiennes, *Codex primus*, fol. XXXIII.

Sans date (1131-1136). Simon, évêque de Tournai et de Noyon, règle un différend qui existait entre l'église de Marchiennes et deux chevaliers, savoir : Etienne et Roger de Landast, au sujet de terres et bois situés entre la Morte-Eau à Beuvry et la Rasse de Brillon.

Orig. en parch. auquel pend le sceau rattaché de l'évêque.

Sans date (1130-1147). Robert, évêque d'Arras, concilie les abbayes de Marchiennes et d'Anchin, au sujet du droit de pêche sur la Scarpe. V. *pièces justificatives*.

Orig. encore muni du sceau de l'évêque, renfermé dans une bourse de parch.

Datum Lat., per manum Baronis capellani et scriptoris, kl. decemb., indict. V, *Incarnationis Dominice anno* MCXLI, *pontificatus vero domini Innocentii pp.* II, *anno duodecimo*. Le pape Innocent II confirme les propriétés de l'abbaye.

Orig. en parch. muni de la bulle de plomb.

Imp. incomplètement dans Buzelin, *Gallo-Flandria*, 347 (1).

Datum Viterbi, per manum Roberti ste. romane presbyteri cardinalis et cancellarii, IV *non. septembris, indict.* IX, *Incarnat. Dominice anno* MCXLVI, *pontificatus nostri*

---

(1) Cette bulle est adressée aux moines de Marchiennes sans aucune mention d'abbé. Alors en effet le siége abbatial, vacant par l'abdication de Liébert, n'avait pu encore être occupé, à cause des débats survenus entre l'évêque d'Arras et les religieux touchant l'élection d'Odon. V. *Cam. Christ.* 207.

domini Eugenii III *pp. anno secundo.* Confirmation des propriétés de l'abbaye par le pape Eugène III.

> Orig. en parch. muni de la bulle de plomb.

Mentionné par Buzelin, *Gallo-Flandria*, 348.

Actum Tornachi, anno ab Incarnatione Domini MCLI. Gérald, évêque de Tournai, termine le différend qui existait entre l'église de Marchiennes et les deux chevaliers Etienne et Roger de Landast, au sujet d'une terre située entre Brillon et Beuvry, partie sur le diocèse de Tournai, partie sur le diocèse d'Arras.

> Orig. en parch. auquel pend le sceau de l'évêque.

Actum anno Verbi Incarnati MCLVII. Godescalc, évêque d'Arras, déclare qu'Aman de Doneng (Denain) a donné en aumône à l'abbaye de Marchiennes neuf portions de terre et deux courtils situés à Mastaing, qu'il avait hérités de ses ancêtres et sept autres parties de terre situées dans la même villa, qu'il tenait en fief de ladite abbaye.

> Orig. en parch. auquel pend le scel de l'évêque.

Actum Valentianis, anno Verbi Incarnat. MCLII. Bauduin, comte de Hainaut, confirme à l'abbaye sept portions de terre données en aumône par Amand de Denain.

> Orig. en parch. dont le sceau est enlevé.

Actum Insule, anno Domini MCLXVI, XIV kl. *martii, feria quarta.* Thierri, comte de Flandre, déclare que l'abbaye de Marchiennes avait été d'abord reconnue exempte de tout droit d'avouerie, mais que la malice des hommes ayant prévalu, elle s'était vue forcée de recourir à un avoué pour sa défense, et qu'à cet effet elle avait donné au comte deux moulins situés à Brebières et deux charrues de terre sises à Noyelles. Le comte transmet à Havet d'Aubigny les droits, prérogatives et devoirs de l'avouerie qui sont réglés dans l'acte.

> Orig. en parch. auquel pend le sceau du comte bien conservé.

CARPENTIER, pièces justificatives de l'*Hist. de Cambray*, 20, donne un extrait de cette charte.

Actum apud Insulam, anno Domini MCLXVI, XIV kl. *martii, feria quarta.* Philippe, comte de Flandre et de Vermandois, rend une sentence en faveur de l'abbaye contre les prétentions d'Etienne, avoué de Marchiennes.

> Orig. en parch. auquel pend le sceau rattaché du comte.

On remarquera que les deux chartes ci dessus mentionnées, datées du même lieu, même jour et conçues à peu près dans les mêmes termes, émanent de deux personnages qui se qualifient comte de Flandre. Cette singularité s'explique par l'adjonction de Philippe d'Alsace au gouvernement de la Flandre, du vivant de Thierry, qui souvent comme ici prend le titre de comte dans les diplômes où son fils agit en la même qualité.

Actum Tornaci, anno Domini MCLXVIII. Chirographe par lequel Gautier, évêque de Tournai, termine un débat entre l'abbaye et Amaury de Landast, au sujet du vivier de Mohies.

> Orig. en parch. dont le sceau a disparu.

Actum Insule, anno Domini MCLXIX. Philippe, comte de Flandre et de Vermandois, règle un différend entre l'église de Marchiennes et Amaury de Landast, touchant le même vivier de Mohies.

> Original en parch. dont le sceau mutilé est dans une bourse de papier.

Datum Tusculani, per manum Gratiani st. rom. eccl. subdiaconi et notariis, XII kl. *maii, indictione* V, *Incarna-*

tionis Dominice MCLXXII, *pontificatus vero Alexandri pp. tertio decimo.* Privilége du pape Alexandre III, concernant les possessions et les libertés de l'abbaye.

> Orig. en parch. muni de la bulle de plomb.

Sans date (1173-1190). Everard, évêque de Tournai, confirme l'accord fait entre Amauri de Landast et Aléis, sa mère, d'une part, et l'abbaye de Marchiennes, de l'autre, au sujet du vivier de Mohies.

> Orig. en parch. muni du sceau mutilé de cet évêque.

Actum anno Domini MCLXXVI, VI kl. *maii, in civitate attrebatensi.* Philippe, comte de Flandre et de Vermandois, sur la plainte de Jean, abbé, et des religieux de Marchiennes contre Amauri de Landast, termine le différend qui existait entre l'abbaye et ledit Amauri, énumère en outre et confirme tous les biens du monastère (1).

> Orig. en parch. où pend un sceau mutilé sur la légende.

Actum Valentianis, kl. aprilis, anno Verbi Incarnati MCLXXX, XIII *indict. romanis imperante Frederico.* Bauduin, comte de Hainaut, confirme la restitution faite par les successeurs d'Anselme le Barbu, seigneur d'Ostrevant, d'une dîme qu'ils percevaient à Aniche sur les terres de l'abbaye.

> Orig. en parch. muni du sceau de Bauduin.

Actum est hoc anno Domini MCLXXX, *in basilica Sti Martini de Henice,* VI kl. *aprilis, ante sacras beate Eusebie vir-*

---

(1) Miræus, qui a publié ce diplôme d'après Buzelin, en a retranché tout le paragraphe qui concerne les droits de pêche et qui offre de curieux détails topographiques, 1, 712. BUZELIN, *Gallo-Flandria*, l. II, c. 22, n'avait pas fait cette suppression.

ginis reliquias.... Actum *Valentianis,* ii kl. *aprilis, indictione* xiii *, regnante Ludovico* vii *in Francia.* Philippe, comte de Flandre et de Vermandois, règle ce qui concerne la dîme d'Aniche envers l'abbaye; et dans la seconde partie de l'acte il se constitue, lui et ses successeurs, ôtages et garants de l'acte qu'il a souscrit à cet égard.

          Orig. en parch. où restent les fragments
          d'un sceau.

Actum apud Atrebatum, anno ab Incarnatione Domini mclxxxiii. Roger, prévôt, Mathieu, doyen, Bauduin, chantre, Siger, maître, et tout le chapitre de l'église N.-D. d'Arras, confirment à l'abbaye la possession d'une dîme sur Aniche qui avait été usurpée jadis par Anselme, comte d'Ostrevant, et autres.

          Orig. en parch. scellé du sceau du
          chapitre d'Arras.

Actum anno Domini mclxxxiii. Frumauld, évêque d'Arras, règle un différend entre l'abbaye et les habitants de Marchiennes.

          Orig. en parch. muni du sceau
          rompu de cet évêque.

Datum Laterani, per manum Hugonis ste. rom. ecclesie notarii xvii kl. *julii, indictione secunda, Incarnationis Dominice anno* mclxxx. Confirmation des biens et priviléges de l'abbaye par le pape Lucius III.

          Orig. en parch. muni de la bulle
          de plomb.

Actum Marcianis, anno Domini mclxxxvii. Chirographe par lequel Jean, abbé, et tout le couvent de Marchiennes, faisant droit aux réclamations de Rainier, maire de Beuvri, reconnaissent les droits de ce dernier sur différentes parties de la forêt de Pevèle.

          Orig. en parch. où pend le sceau
          de l'abbé.

Datum Laterani, per manum Centii Ste Lucie in Orthea? diaconi cardinalis, Domini pp. camerarii, VIII *id. julii, indictione tertia decima, Incarnationis Dominice anno* MCXCV, *pontificatus vero domini Celestini pp. tertii anno quinto.*
Confirmation des propriétés de Marchiennes par le pape Célestin III.

> Orig. en parch. muni de la bulle en plomb.

BUZELIN en a donné un extrait et en a expliqué certains passages. *Gallo-Flandria*, 348, 349, 350.

CARTULAIRES ET AUTRES RECUEILS.

J'aurais peut-être aussi à signaler les titres les plus anciens qui se trouvaient déjà dans notre dépôt avant la réintégration dont il vient d'être parlé; mais je crains d'étendre ce rapport outre mesure. D'ailleurs la description des cartulaires va me fournir l'occasion de les indiquer.

De ces cartulaires, le plus ancien et le plus remarquable est assurément celui auquel je donne le nom de *Codex primus Marchianensis*. C'est un in-folio vélin, reliure en bois, recouverte d'un cuir fleurdélisé, 17 feuillets liminaires, 378 pages, total 412 pages, écriture du XIIIe siècle, à deux colonnes, initiales peintes, 24 portraits de papes, d'empereurs, de rois, d'archevêques, d'évêques, de comtes de Flandre et de Hainaut et d'autres seigneurs, placés en tête de bulles, chartes ou diplômes émanés de ces personnages; savoir: Calixte II, Eugène III, Alexandre III, Charles-le-Chauve, le roi Lothaire; Samson, archevêque de Reims; Lambert, évêque d'Arras; Alvise, évêque d'Arras; Godescalc, évêque d'Arras; André, évêque d'Arras; Milon, évêque de Térouane; Burchard, évêque de Cambrai; Nicolas, évêque de Cambrai; Simon, évêque de Tournai et de Noyon; Gérauld, évêque de Tournai; Bauduin, évêque de Noyon; Bauduin, comte de Flandre; Bauduin, comte de Hainaut et de

Valenciennes ; Charles, comte de Vermandois ; Raoul, comte
de Vermandois; Bauduin, comte de Hainaut ; Simon d'Oisy,
châtelain de Cambrai (1).

Nous avons un inventaire moderne du même cartulaire.
Cet index, par ordre alphabétique des noms de lieux, a été
dressé du temps de l'abbé Louis Hémart, dont il porte les armes
et la devise : *candide et recte*.

Codex secundus. In-f°, papier, demi-reliure, comprenant
47 titres à partir de l'an 1038 jusqu'en 1594. Ces copies ont
été authentiquées en 1770 par dom Queinsert, bénédictin de
St-Maur, qui se qualifie historiographe du roi, en vertu d'une
commission à lui délivrée le 18 janvier 1768, par le ministre
Bertin pour explorer les archives de Flandre et d'Artois. Au bas
d'un certain nombre de ces mêmes copies, dom Queinsert a fait
dessiner les sceaux qui s'y trouvent appendus. Du reste, on voit
par ce travail que dom Queinsert n'est pas un Mabillon. J'ai
fait dresser pour ledit cartulaire, recomposé par mes soins, une
table chronologique.

(1) Au-dedans de la couverture de ce cartulaire se trouve le fragment
d'un poème dont Tobie est sans doute le héros ou le sujet. Les premiers vers de ce fragment sont ainsi conçus :

>   Solve Deo grates, cujus remeas ope, gaudes
>   Incolumis, placida commoditate fruens,
>   Cujus presidio, cujus moderamine, cujus
>   Consilio nostrum fructivicavit iter.
>   Oscula multiplica patri; medicamine fellis
>   Quod geris unge patris lumina ; morbus abit.
>   Nature vicium redimens pietate, fidelis
>   Excubitor certat previus vire canis.
>   Blanditur laribus notis, dominique salutis
>   Insinuat caude mobilitate loquens.
>   Thobie canis adventum pronosticat. Exit.
>   Currit uterque parens, hinc anus, inde senex.
>   Annos evacuat cecus pater. Oscula nato
>   Imprimit, et palpat predubitante manu.
>   Ora madent lacrimis gaudentibus ; oscula plena
>   Amplexus satagit ingeminare patri,

Codex tertius. In-f°, papier, 77 copies d'actes de 975 à 1318. Autre cartulaire que j'ai formé aussi de toutes pièces à l'aide de titres retrouvés çà et là. De ces titres, il en est encore beaucoup qui sont revêtus du certificat d'authenticité délivré par dom Queinsert, certificat toujours conçu en ces termes ou à peu près : « Je soussigné, religieux de la congrégation de
» St-Maur, commis par S. M. le roy de France de faire recher-
» ches, extraits, tirer copies de tous les titres et chartes ayant
» rapport à l'histoire de France, collationner lesdites copies,
» les déclarer vrayes, conformes aux originaux, pour cet effet
» départi dans les provinces de Flandres et d'Artois, certiffie
» avoir vu, lu et diligemment examiné et coll[né] celle qui est
» cy dessus, laquelle j'ay trouvé en tout conforme à l'original
» en parchemin large de........ sur........ hauteur (description
» du sceau) et copiée par moy pour être envoiée au dépôt des
» chartes de sa dite Majesté à Paris, relativement à ma ditte
» commission et que foy peut y estre ajouté comme audit ori-
» ginal. Fait le, etc. Signé Queinsert. »

Codex quartus. In-4°, papier, 44 copies de 813 à 1394. Le premier des diplômes ici reproduits ne serait rien moins qu'une charte émanée de Charlemagne. Elle commence en ces termes : *In nomine Domini. Amen. Ego Karolus, Dei gratia Francorum rex et imperator roman.* Elle finit ainsi : *Signum Karoli Francorum regis et imp. romman. S. Michaelis constabularii. S. Rozelli dapiferi. S. Walteri buticularii. S. Rollonis camerarii. S. Rogeri cancellarii. S. Bozonis notarii. Actum Parisiis, anno Verbi Incarnati* DCCCXIII[o] kl. *augusti, per manum R. cancellarii nostri, imperante semper Domino Nostro Jehu Christo. Amen.*

Le copiste a ajouté la note suivante :

« Huic diplomati lectu perdifficili, appensum sigillum ad
» plicas duas esse fuisse cognoscitur; ex eo quod ejus superior

» particula spherica figura superat, plicis adhærescens in
» cera flava expressum, sed quod vetustate corrosum in frusta
» detritum perierit. »

Or, il ne faut être ni un grand clerc ni un diplomatiste bien habile pour reconnaître que ce prétendu diplôme carlovingien est d'une insigne fausseté (1).

Enfin on conserve à Arras un autre cartulaire qui mérite d'être ici mentionné et dont la description m'a été gracieusement fournie par M. de Linas, membre non-résidant des comités historiques. Je regrette d'être forcé d'abréger cette description qui est une véritable notice. Exécuté par ordre de l'abbé Jacques Coene, qui siégea de 1501 à 1542, ledit cartulaire renferme les principaux actes de l'administration de ce prélat qualifié par Adrien Pottier *exemplar perfectissimi abbatis*. C'est un in f°, vélin, de 555 feuillets, y compris ceux qu'on a ajoutés en tête du volume. Le manuscrit se compose de quatre parties : 1° Bulles et brefs concernant l'élection, la confirmation, provision de Jacques Coene, comme abbé de Marchiennes, avec d'autres indults et privilèges ; 2° Arrêts et sentences rendus en faveur de l'abbaye par les cours laïques ; 3° Décisions rendues par les juges ecclésiastiques ; 4° Table des matières. Chacune de ces parties est précédée d'une grande et belle miniature. A la suite des pièces flamandes touchant les biens de Marchiennes situés à Reninghe et Wastine, on lit les vers suivants :

Rara Jacobus avis, nostri decus ordinis ille

---

(1) 1° L'invocation *In nomine Domini* est inusitée dans les diplômes de Charlemagne ; 2° Il en est de même de la qualification *Francorum rex et imperator Rom.* ; 3° Jamais les diplômes royaux de cette époque ne sont souscrits par des connétables, échansons, boutcilliers, camériers, etc. ; 4° Aucun chancelier sous Charlemagne ne porta le nom de Roger ; 5° Enfin, l'auteur de la note qui déclare qu'un sceau était appendu, *appensum*, à l'original, aurait pu savoir que les diplômes carlovingiens portaient leurs sceaux plaqués et non appendus.

Cœnus, nomine cujus in orbe micat (1).
Virginis a partu sesqui millesimo et uno
Anno hujus regimen cœpit habere decus.
Lugubres sub eo qui religionis amictus
Accepere sequens pagina scripta docet.
Cum quibus ascendat cœlestia regna precamur
Ac ibi pro meritis præmia digna ferat.

Après cette énumération de cartulaires, il me reste à parler de quelques manuscrits historiques qui ne sont pas sans intérêt.

J'intitule le premier *Miscellanea marchianensia*. C'est un petit in-4° non folioté, assez informe, mais contenant de précieux détails sur l'histoire de l'abbaye et sur les personnages qui s'y sont distingués. C'est l'œuvre d'Adrien Pottier, moine de Marchiennes qui vivait en 1624. Après un extrait des Annales de Hainaut par Jacques de Guyse, concernant Ste Rictrude, certifié par Romain Choquez, capucin, auteur de quelques ouvrages connus, on trouve une vie française de Ste Florence, abbesse, puis viennent les Miscellanea proprement dits. Ces mélanges offrent, entre autres fragments curieux, une vie de St Maurant en vers français, petit poème composé de 14 strophes de 10 vers chacune.

La chronologie des abbés y est plus détaillée que dans le *Gallia Christiana* et même dans le *Cameracum Christianum* (2). En regard de l'article de chaque abbé, à partir du milieu du XVIe siècle, on a dessiné les blasons de presque tous ces prélats.

2° *Vita et miracula S. Rictrudis*, petit in-f°, papier, 90 pages non-chiffrées, écriture du XVIIe siècle. Le contenu de

---

(1) Vers défectueux. Peut-être faut-il le construire ainsi :
Cœnius et nomen cujus in orbe micat.
(2) Par malheur, il y a lacune du 5e au 14e abbé, c'est-à-dire de Wido à Ingfran, 1059 à 1145.

ce manuscrit a été inséré en entier dans les *Acta sanctorum*, par les soins du P. Papebroch, et en longs extraits dans les *Acta sanctorum Belgii*, par Corneille Smet, IV, 504 et suiv. L'ouvrage est divisé en deux livres, dont l'un se compose de 36 chapitres et l'autre de 40.

3° Le troisième a pour titre : *Gesta et facta a S. Amando, Adalbaldo, Rictrude et Eusebia*. C'est un in-4°, papier non folioté, écriture du XVIe siècle, commençant ainsi : *In nomine Domini Jhesu Christi sequitur cronica in vitam beatæ Rictrudis fundatricis ecclesie et cenobii S. Petri Marchianensis. Et primo de fundatione antedicti monasterii et a quo ortum habuerit et quo tempore, videlicet Dagoberti regis filii Lotharii filii Clodovei primi in Francia regum christianorum primi, et hec advertenda sunt ut clareat nobis et pateat occasio et causa beate Rictrudi venienti in Franciam; et quia materia ista vulgariter venit declaranda et exemplariter in tabulis depingenda, ideo gallice et sub idiomate nostro censui procedendum*. Le reste est donc en français et se compose de 46 articles formant autant de programmes ou sujets de tableaux ou parquets tirés de la vie de Ste Rictrude et de ses alliés. Le manuscrit paraît avoir été confectionné par Georges ou Grégoire Lallemand, religieux, qui vivait sous l'abbé Guillaume Lotin, c'est-à-dire au commencement du XVIe siècle.

4° Nous conservons encore d'amples extraits sur Marchiennes, empruntés aux mémoires du père Ignace d'Arras et que nous tenons de l'obligeance de M. l'abbé Parenty, vicaire-général du diocèse.

LIASSES ET INVENTAIRES.

Les liasses, registres et portefeuilles que nous avons explorés et rangés tout récemment avec un soin nouveau, sont au nombre de 404.

En 1533, l'abbé de Marchiennes, Jacques Coene, fit dresser un inventaire de tous les titres de cette maison ; lequel forme un vol. in-f° vélin de 126 pages, sans y comprendre la table composée de 8 pages non foliotées. Ce répertoire, exécuté avec beaucoup de soin, mérite de nous occuper tout d'abord. Au revers du premier feuillet on a dessiné un ange debout qui tient d'une main l'écusson de l'abbaye et de l'autre celui de l'abbé Jacques. Après la table, un autre dessin représente deux enfants tenant élevée au-dessus d'eux une banderole sur laquelle on lit la devise : *Finis coronat* 1533. L'un des deux enfants appuie une main sur l'inscription 1533 en chiffres arabes, l'autre sur la même date MV°XXXIII. Puis en regard de ce dessin, le titre de l'inventaire est ainsi conçu : *S'ensieult l'orde et ordonnance des priviléges, chartres, lettres, tiltres et aultres enseignements qui sont dedens le ferme de messigneurs les religieux, abbé et couvent de l'église et abbaye madame Ste Rictrude de Marchiennes.* Il résulte de cet inventaire que les archives de l'abbaye étaient renfermées dans dix armoires (*aumaires*), cinq désignées sous le nom : *aumaires d'enhault* ; cinq autres nommées *aumaires du milieu*. La première armoire d'en haut portait pour inscription : *Priviliéges de papes et aultres gens d'église*. Sur la seconde était écrit : *Marchiennes*. Sur la troisième : *Haynau*. Sur la quatrième : *Abscons, Erc, Beuvry, Tilloy*. Sur la cinquième : *Gouvernance d'Arras*.

Sur la première armoire du milieu : *Bailliage de Lens*. Sur la deuxième : *Reninghes, Ronchin* et *Péronne*. Sur la troisième : *Vregny, Carreu* et *Vaussallion*. Sur la quatrième : *Touchant les fiefs*. Sur la cinquième : *Obligations pour Marchiennes*. Les titres que nous venons de relater ne suffisent pas pour donner une idée de ce que contenaient les armoires, toutes divisées en layettes offrant parfois des matières non indiquées sur l'étiquette principale. Ainsi la 2e layette de la 1re armoire renfermait les diplômes des princes séculiers, en tête desquels figure le roi Charles-le-Chauve pour un acte ainsi désigné : *Unnes lettres en parchemin fort anchiennes scellées en placquart de l'aneau du roy Charlemagne (Charles-le-Chauve) et données de luy en l'an* XXXVIII, v° *idus julii, indictione* x*ᵃ, touchant les terres, possessions et seigneuries données ausdis religieux, que icelluy roy conferme en vœullant qu'ils en puissent joir et posseser paisiblement avecq toutte justice haulte, moyenne et basse qu'ils ont ès lieux ad plain déclairés en icelles.* Cet original n'existe plus, comme nous l'avons dit ci-dessus.

DOCUMENTS SUR MARCHIENNES CONSERVÉS DANS D'AUTRES DÉPOTS.

Les archives de la Chambre des Comptes de Lille ne possèdent guère, en fait de titres sur cette abbaye, que deux chartes, savoir :

1° *Datum anno Domini* MCCXLIV, *mense februario*. Titre d'acquisition de la terre de Fenaing. Confirmation par l'évêque de Liège. *Vidimus de* 1297.

2° *L'an del incarnation N. S. mil cc quatre vins et trois le jour de l'exaltation sainte crois* (14 septembre). Lettres du comte Gui de Dampierre pour la répression des méfaits commis par les bourgeois d'Orchies contre l'abbaye. 1ᵉʳ *cartul. de fl.*, pièce 362.

C'est la bibliothèque de Douai qui a recueilli la plus belle part de l'héritage, sans compter même ce qui devait lui échoir à titre de documents tout bibliographiques. Ainsi on y trouve :

1° Sous le n° 936, *Répertoire des titres de l'abbaye de 1123 à 1717*, in-folio, pap. écr. du XVIII° siècle, donné par M. le conseiller Becquet.

2° 603. *Constitutiones Marchianenses*, petit in-folio, vél. XIII° siècle.

3° 790. Mélanges relatifs à l'histoire du monastère de Marchiennes, in-4°, vélin, XIII° siècle.

Le fonds de St-Amé de Douai renferme une charte ainsi datée et caractérisée : *Datum anno Domini* MCCXXXVIII°, *feria sexto post conceptionem b. virginis.* J. Goubaus, chapelain de St-Amé, ayant légué à son église un bien situé à Beuvry qui est du domaine de Marchiennes, cette abbaye, pour éviter les inconvénients d'une telle vassalité, déclare retenir à elle ledit bien, pour lequel elle assigne au chapitre de St-Amé une rente de trois marcs. *Orig. muni de deux sceaux.* Le chapitre avait, dès le 5 décembre, acquiescé à cet arrangement. *Cartul. Codex primus,* 119.

Il existe à Arras, aux archives d'Artois, un acte du 3 février 1269, par lequel l'abbaye mande au comte et à la comtesse d'Artois, partant pour la Terre Sainte, que tous les 15 jours jusqu'à leur retour, il sera célébré une messe du St-Esprit à leur intention. *Orig. scellé.*

HOMMES LETTRÉS ET ÉCRIVAINS.

Si nous avions ici à mentionner les principaux hommes lettrés qu'a produits l'abbaye de Marchiennes, nous nommerions :

1° *Amand du Castel,* qui, après avoir été chanoine de Tournai et prieur d'Anchin, devint abbé de Marchiennes vers 1120. Il est auteur d'une vie de l'évêque de Cambrai, le vénérable Odon, laquelle est insérée dans le *Belgica Christiana* de Raissius, p. 146.

2° *André Silvius,* prieur de Marchiennes, à qui l'on doit un précieux fragment historique sur les premiers rois mérovingiens, publié par Raphaël de Beauchamps, à Douai en 1633; plus, une histoire de la vie de Ste Rictrude. Voir *Acta SS. Belgii*, t. IV. Silvius est mort en 1194.

3° *Charles de Blendecq,* d'Arras, prieur de Marchiennes, mort en 1618, âgé de 72 ans, à Vregny (1), après avoir mis au

(1) Ch. de Blendecq administra le prieuré de Vregny pendant 7 ans.

jour en 1582 et en 1613, une œuvre intitulée : *Cinq histoires admirables de personnes possédées*, et une traduction du *Viola animæ* de Raimond de Sebonde.

4° *Gualbert*, dont on connaît une longue épître sur les miracles de Ste Rictrude, publiée par les Bollandistes, t. III du mois de mai.

5° *Jean Caron* qui, vivant sur la fin du XVe siècle, composa un poème intitulé : *Opusculum tumultuum*, in-4°. Paris, sans date.

6° *Jean de Marchiennes*, autre religieux, qui écrivit un traité en prose et un poème sur la *vie de Ste Eusébie*.

7° *Raphaël de Beauchamps*, savant éditeur de l'œuvre ci-dessus mentionnée d'André Silvius, etc.

8° Enfin le même *Adrien Pottier*, dont il a été déjà question et qui prenait pour devise cette allusion à son nom : *Opus manuum figuli. Jerem. Lament.* IV.

9° *Jacques Lessabé*, bien que laïc, doit être mis au rang des écrivains que l'abbaye a produits et encouragés. Né à Marchiennes, il eut pour protecteur Jacques Coene, cet abbé éclairé et généreux dont nous avons parlé plus haut. Ce fut sous les auspices et sans doute aux frais de son Mécène qu'il publia un petit volume ayant pour titre : *Hannoniæ urbium et nominatiorum locorum ac cœnobiorum, adjectis aliquot limitaneis ex annalibus, Anacephalæosis. Pœnias, declamatiuncula. Carminum tumultuaria farrago.* In-12, Anvers, Mich. Hellenius, 1534. L'ouvrage est dédié : 1° à Roland Boucher (1),

---

(1) Roland Boucher, qui était en 1513 prieur du couvent des Carmes de Valenciennes, a publié en français la vie du B. Simon Stock, général de l'ordre du Carmel au XIIIe siècle. M. de Reiffenberg a reproduit l'*Anacephalæosis* dans les préliminaires du t. I des *Mémoires pour servir à l'histoire des provinces de Namur, de Hainaut et de Luxembourg*. On s'étonne que le docte académicien n'ait pas enrichi de ses notes critiques le travail de Lessabé.

de Vicogne, carme, ami particulier de l'auteur; 2° à l'abbé J. Coene, à qui Lessabé rend encore hommage en terminant l'article Marchiennes, à la fin de la description du Hainaut. La harangue prononcée par la pauvreté, *Pœnias*, est, comme son titre l'indique, une pure déclamation et un jeu d'esprit moins ingénieux que prétentieux. J'aime mieux les vers qui viennent ensuite, et parmi lesquels on lit quelques épigrammes assez piquantes. Du reste, ce volume est rare et recherché des bibliographes. V. *Catal. de Verdussen*, 1re partie, n° 144. *Hist. Belg. Austr.*, p. 236, et *Biblioth. Hulthemiana*, n° 27880. Il existe un vieil abrégé des *Annales* de Jacques de Guyse, attribué par le P. Wadding à Jean Lessabé. Or, quoiqu'en dise Paquot, IV, 228, il ne faut pas confondre ce Jean avec notre Jacques, qui vivait un siècle plus tard.

PIÈCES JUSTIFICATIVES.

I.

Bauduin de Lille, comte de Flandre, se reconnaît avoué de Marchiennes et donne la charge de cette avouerie à Hugues Havet d'Aubigny. Droits attachées à ladite avouerie (1038.)

Orig. où restent les attaches du sceau plaqué.
Cartulaire de Marchiennes, f°. XXXI.

Nota. Ce qui est imprimé ici en caractère italiques a été omis par Miræus 1, 659. Les noms de lieux sont aussi en mêmes caractères.

In nomine Sanctæ et Individuæ Trinitatis. Prudenter satis antiquorum excogitavit sollertia ut litteris commendarent et confirmarent quæ honeste ac recte a se facta posteros latere nolebant. Unde et ego Balduinus, Dei gratia Flandrensium comes, ad noticiam tam futurorum quam præsentium hic annotari jussi, qualiter S. Rictrudis Marcianensis abbatiam per quadringentos (1) vel eo amplius annos, hoc est, a sui constitutione semper fuisse ab omni redditu advocationis liberam, coram baronibus meis cognoverim *et testatus sim*, annuens humili petitioni Albrici abbatis et fratrum ipsius ecclesiæ, suggerente etiam et concedente Adela comitissa, conjuge mea, filia regis Roberti; sed quoniam prevalente secularium

---

(1) Cette expression *quadringentos vel eo amplius* forme autorité pour établir que l'abbaye de Marchiennes existait déjà avant l'an 638.

nequitia, ad sui defensionem advocato indiget, ut sim æcclesiæ fidelis advocatus et defensor, supradictus abbas michi dedit duos molendinos qui sunt in villa *Berberia* (1) et duas carrucatas terre in villa *Nigella* (2), *æcclesia tamen in sua antiqua libertate semper manente*. Ego autem molendinos illos cum terra supradicta per manum ipsius abbatis dedi Hugoni Havet de Albiniaco (3) ; eo tenore ut in omnibus sit æcclesiæ Marceniensi promptus adjutor. Quod si neglexerit, me presente coram baronibus meis, judicavit ut (sic) et successores ejus et ipse dictum supradictum et advocationem quam de me tenent perdant. Et hæc sunt quæ in potestatibus æcclesiæ accipiet. De omni forisfractura, ubi æcclesia ope indigens, eum in auxilium vocaverit, si per justiciam ejus aliquid adquisierit, ipte tertiam partem habebit. Quod si non fuerit vocatus, nichil omnino debebit habere. Majores dabunt ei in nativitate duo sextaria vini et duos capones, et ipse cibabit eos et homines eorum pane et carne et vino. In pascha dabunt ei duo sextaria vini tantum. Adjutorium tempore obsidionis vel hostilitatis generalis quatuor vel quinque ebdomadarum accipiet in potestatibus, id est de carruca duos solidos, de dimidia unum ; de operario divite an paupere tres denarios. *Coccus æcclesiæ, magister pistorum, cambarius et qui cum carro de nemore ligna adducit, nichil dabunt ei, quia omnino ab omni redditu semper liberi erunt. In hoste quoque regali per manus ministrorum abbatiæ in potestatibus accipiet* viii^{to} *palefridos. Et hoc*

(1) Un diplôme de la 32e année du règne de Charles-le-Chauve, qui répond à l'an 871, mentionne *villa Berbiarias in pago Atrebatensi*. C'est évidemment le même lieu que notre *Berberia*. Brebières, canton de Vitry (Pas-de-Calais).

(2) Ce ne peut être que Noyelles-sous-Bellonne, canton de Vitry (Pas-de-Calais).

(3) Voyez sur cette famille Havet d'Aubigny, CARPENTIER, *Estat de la noblesse*, 119.

semel in anno si necessitas eveniet, sin autem nichil omnino. Palefridos ferrare faciet. Hominibus qui eos ducent in victu et calciamentis providebit. Cum fuerit reversus, statim omnes palefridos illos restituet dominis suis. Quod donec fecerit, nichil pro eo faciet æcclesia, nec homines æcclesiæ. Præter hæc nichil debet habere advocatus in æcclesia, nec ista accipere nisi per manus ministrorum abbatiæ. Pro supradictis enim molendinis et terra servire debet æcclesiæ et semper promptus esse adjutor. Non bannum faciet nec precarias nec latronem accipiet nec corevias nec palefridos, nec ministri ejus aliquid accipient. Sciendum quoque quod non interpellabit quemquam ad campum de hominibus æcclesiæ ; sed ille contra quem aget judicio scabinorum cum sacramento sola manu purgabit se. Nec licet ei nec alicui terrene potestati in aliqua villa S. Rictrudis contra voluntatem abbatis vel monachorum manere nec comrivia preparare, nec placita tenere, nec denariorum vel pecuniæ collectionem ab incolis exigere, nec ullam violentiam inferre. Equalem habebunt omnes hospites potestatem tam advena quam indigena. Iterum non licet ei terras æcclesiæ emere aut in vadimonium accipere, nec servos nec ancillas ejusdem æcclesiæ in feodo militibus dare nec aliquid ab illis per violentiam exigere. In silvis quoque S. Rictrudis vel in aquis vel in terris nullam habet potestatem, nec homines æcclesiæ contra voluntatem abbatis manu tenere potest. Et ut hæc firma et inconvulsa maneant, studui sigilli mei impressione hoc privilegium roborare et testes inferius designare. S. Balduini, marchionis qui fieri jussit hoc. S. Adelæ comitissæ, S. Eustachii comitis Boloniæ, S. Rogerii comitis de Sancto Paulo, S. Gerardi, episcopi Cameracensis, S. Drogonis, episcopi Morinensis, S. Fulchonis, ep. Ambianensis, S. Lietduini, abbatis S. Vedasti, S. Roderici, abbatis Sti.

Bertini, S. *Malboldi*, *abbatis Sti. Amandi*, S. *Wicardi abbatis*, S. *Gerardi abbatis*, S. *Rodulfi Tornacensis*. S. *Rodulfi Gandensis*. S. *Roberti advocati*, S. *Johannis advocati Attrebatensis*. S. *Hugonis Aldenardi*, S. *Hugonis Valencianensis*. S. *Saswalonis, Friardi, Walteri, Berneri, Ogeri, Dominici, militum*. Hoc placitum fecerunt quatuor milites advocati: Udo, Ursio, Garderus, Mambodo. Actum Attrebati curte publica, in capella S. Benedicti, anno Domini M° xxx° viii°, ind. vi°, epacta xii, anno iii° Balduini gloriosi comitis, rege Francorum Henrico.

II.

Bulle du pape Calixte II qui confirme à l'abbaye de Marchiennes la possession de ses biens. Ce titre n'offre pas seulement l'énumération de lieux connus et dont la situation ne peut être douteuse; il fournit encore l'indication de plusieurs villages, fiefs et seigneuries dont la trace est perdue ou obscurcie. C'est donc un document topographique assez curieux (1er novembre 1123.)

Orig. muni du sel de plomb.
(*Cart. de Marchiennes*, f° 17).

Nota. Cette bulle a déjà reçu une certaine publicité; mais elle est trop importante et elle tient de trop près au sujet du mémoire pour qu'on l'omette ici. Les noms de lieux sont imprimés en italique.

Calixtus episcopus, servus servorum Dei, dilecto filio Amando (1), abbati Marceniensis monasterii ejusque successoribus regulariter substituendis in perpetuum.

Pie postulatio voluntatis effectu debet prosequente compleri. Proinde nos petitioni tue benignitate debita impertimur assen-

(1) Amand du Chastel (*de Castello*). V. *Cameracum Christianum*, 206.

sum, et Marceniense monasterium, cui Deo auctore presides, protectione sedis apostolice communimus. Statuimus enim ut quecumque bona, quascumque possessiones idem monasterium vel in presenti legitime possidet vel in futurum, largiente Deo, juste atque canonice poterit adipisci, firma tibi tuisque successoribus et illibata permaneant. In quibus hec propriis duximus nominibus annotanda. Ex donariis et beneficiis B. Rictrudis et ipsius filie venerabilis virginis Eusebie, locum ipsum in quo monasterium situm est cum habitationibus et mansionibus suis, cum arboretis et ortis, a decimis, redditibus et advocatione liberis ; ecclesiam quoque *Hamagiensem* (1) liberam, sicut et *Marceniensem* cujus filia est, cum appendiciis suis *Alno* (2); *Tiloit* (3), et *Wandegiis* (4), villas, terras et nemora abbatie cum justicia, bannto, legibus et thelonco et invento, cum decimis et integritate sua; piscationem fluminis *Scarpi a Brachiorum Loco* (5) usque ad *Guasconis Cur-*

---

(1) *Hamagia, Hamaticum*, Hamage, en Ostrevant, était l'un des prieurés de l'abbaye de Marchiennes. Ce lieu fut même primitivement le siège d'un monastère fondé par Ste Gertrude, au VIIe siècle (*Camer. Christ.* 342). Ce n'est plus aujourd'hui qu'un hameau dépendant de Wandignies.

(2) Alnes, mal nommé *Alvo* et *Alva* dans Miræus I, 713, est une commune du canton de Marchiennes, sur la Scarpe. Avant 1790, Alnes était une dépendance d'Hamage.

(3) Tilloy dont Miræus, *loco citato*, a fait *Rilloit*, était comme Alnes, en 1789, dépendant d'Hamage. Il appartient au canton de Marchiennes.

(4) Wandignies, sur la rive droite de la Scarpe, et du canton de Marchiennes. Jadis ce n'était qu'une dépendance d'Hamage. Aujourd'hui c'est Hamage qui dépend.

(5) On lit dans un cueilloir de Marchiennes, n° 2717 : « Gilbert le » Huon, pour un bonnier de pret, séant vers le Burelot, lonc à lonc » le *Brac-au-lieu*. »

Assurément *Brack-au-lieu* est la traduction de *Brachiorum Locus*. Si cette donnée ne suffit pas pour déterminer la véritable situation, nous pouvons du moins en conclure que Brach-au-lieu était sur la Scarpe entre Marchiennes et Lallaing.

vam (1) juxta *Lalinium* (2), excepto jure Acquicinensis (3) ecclesie, et super ejusdem fluminis alveum, in loco qui dicitur *Ad flumen*, terram arabilem et hospites, in villa de *Wasers* (4), decimam de terris ecclesie et de terragio carum censum sex solidorum. In pago *Pabulensi* (5), villam *Beuvri* (6) cum altari, et *Teoderici Mansum* (7) et utrumque cum omni integri-

---

(1) *Guasconis* ou *Wasconis Curva* était près de Lallaing (*juxta*). Voilà tout ce que nous savons pour le moment.

(2) Lallaing, sur la Scarpe, canton de Douai-nord, eut plus tard titre de comté.

(3) *Aquicinctum*, Anchin, abbaye de Bénédictins, fondée en 1079, au hameau de Pecquencourt. M. Escallier vient d'en publier l'histoire.

(4) Waziers, sur la rive droite de la Scarpe, canton de Douai-nord. Ce village appartenait jadis à trois provinces : Flandre, Hainaut et Artois.

(5) La Pevèle, *Pabula*, est déjà nommée dans les lettres-patentes données en 673 à l'abbaye de St-Vaast d'Arras par le roi Thierri. Miræus I, 126. Ce *pagus*, dont le chef-lieu était Orchies, avait pour contour la Scarpe qui le séparait de l'Ostrevant, la Marque qui le bornait du côté du Mélantois, enfin quelques ruisseaux, entr'autres celui d'Elnion, qui formaient sa limite vers le Tournaisis. Il est à remarquer qu'en général les *pagi* étaient circonscrits par des cours d'eau.

(6) Beuvry, *B.brogium* dans un diplôme de Charles-le-Chauve (877), Miræus, 1, 138, 241, est du canton d'Orchies. Miræus, qui se plaît à dénaturer les noms de lieux, appelle celui-ci Beurin, IV, 179. Buzelin mentionne d'après Gualbert des restes d'antiquités romaines trouvés à Beuvry, *Gallo-Flandr.*, 198. M. Harbaville, *Mémorial*, I, 199, confond ce lieu avec le Beuvry d'Artois.

(7) Le *Theodorici Mansus* était voisin de Beuvry. C'est le même Gualbert, l'un des historiens de Ste Rictrude, cité par Buzelin, *Gallo-Flandr.*, p. 199, qui nous l'apprend en ces termes : « Non longe au-
» tem ab eodem oppido adjacet Theoderici Mansus quem putaverunt
» quidam regis auditum (aditum?) in initio rugitus cervorum; eo
» quod idem locus videbatur aptissimus, illucque venationis gratia
» in diebus autumnalibus concurrere solitus erat rex Theodericus. »
Un autre chroniqueur, André de Marchiennes, prétend même que c'est là que Rainfroi, maire du palais de Chilpéric, trouva la mort en fuyant devant Charles-Martel. Il est bien difficile de concilier cette assertion avec Grégoire de Tours qui fait mourir Rainfroi à Angers.

tate sua. Apud *Bovingcias* (1) quindecim cultilia et terras cum terragio et decima. In pago *Tornacensi* (2), in villa que dicitur *Espelcin* (3) terram decem solidorum et in villa que *Horta* (4) dicitur terram duorum solidorum. In *Braibanto*, in villa de *Hauvines* (5) terram quatuor solidorum. In pago *Melentois* (6) apud *Peronam* (7) villam terram quinque solidorum, villam *Roncinium* (8) cum integritate. In *Insula castro* (9)

On peut croire que le ***Theoderici Mansus*** n'est autre que Court-au-Bois et Haute-Taille, domaines boisés, au sud de Beuvry, vers les territoires de Bouvignies et de Brillon.

(1) Bouvignies, canton de Marchiennes.

(2) Il en est du ***Pagus Tornacensis*** comme de beaucoup d'autres ***pagi***; il était plus étendu que la province qui est censée le représenter aujourd'hui et qu'on nomme le Tournaisis; il est mentionné dans Grégoire de Tours, liv. 5, chap. 50.

(3) Esplechin, aujourd'hui en Belgique, province de Hainaut, arrondissement de Tournai, a été en 1340 le siége d'un congrès où fut signée la trève entre Philippe de Valois et Edouard III, roi d'Angleterre.

(4) Serait-ce Hertaing, Belgique, province de Hainaut, arrondissement de Tournai ?

(5) Haviunes, qui est aujourd'hui de la province de Hainaut, arrondissement de Tournai, appartenait jadis à l'archidiaconé de Brabant. Voyez *Com. Christ.*, 503, preuve nouvelle de la concordance des ***pagi*** avec les anciens archidiaconés.

(6) Nommé pour la première fois dans la vie de St. Eloi, par St. Ouen, *Spicil.* II, 93, puis dans l'acte de partage des états de Louis-le-Débonnaire (835), Duchesne, ***Hist. Franc. script.***, II, 327, le Mélantois, *pagus Medenatensis*, Medenente, n'était pas primitivement circonscrit par la Deûle et la Marque, comme il le fut depuis. V. *Acta SS. Belgii*, II, 400.

(7) Sur la Marque, canton de Cisoing.—Au dernier siècle, ce n'était plus l'abbaye de Marchiennes, mais le chapitre de Tournai qui conférait la cure.

(8) Ronchin, *Runcinium*, que Miraeus transforme en *Funcinium*, est nommé avec Templeuve dès 877, dans le diplôme précité de Charles-le-Chauve. Il est du canton sud-est de Lille.

(9) On voit par cette expression ***castro*** que Lille en 1123 n'était encore considérée que comme une simple forteresse.

duos hospites. In *Formestraus* (1) unum et in *Eschelmes* (2) unum. In pago *Letigo* (3) villam *Haines* (4) cum omni inte-

(1) Ce lieu n'est nommé ni dans nos cartes locales, ni dans les dénombrements des fiefs de la châtellenie de Lille. M. Plouvain n'en fait aucune mention dans ses **Notes statistiques**, in-8°, Douai, 1824, où il énumère tous les hameaux du Nord et du Pas-de-Calais. Mais une enquête, tenue en 1365 pour clore un débat entre le chapitre St-Pierre de Lille, celui de la cathédrale de Tournai et le prieuré de Fives, nous apprend que Fourmestraux était une dépendance de Lesquin, canton de Seclin. Jean de Fourmestraux obtint, en 1663, la permission de changer son nom en celui de *des Wazières*.

(2) *Esquelmia*, *Eshermæ*, *Eshelme*, Esquermes, canton de Lille, nord-ouest, est nommé pour la première fois dans la charte de fondation du chapitre St-Pierre de Lille, en 1066.

(3) Nous possédons le titre original de 877, où ce *pagus* est nommé pour la première fois (*in pago Letico*). Suivant plusieurs auteurs, il tire son nom de la rivière de la Lys, *Lœtia*, *Legia* ou *Lisa*. Wastelain, en général si judicieux et si exact, ne se prononce pas d'une manière précise sur les limites de ce territoire. Il se borne à quelques conjectures d'après le même diplôme de 877. M. Raepsaet est beaucoup plus explicite. Cet écrivain, dont la mémoire m'est chère et dont on n'apprécie point assez aujourd'hui les doctes travaux, émet une opinion toute nouvelle sur ce qu'il faut entendre par *pagus Lœticus*. Selon lui, c'était un ressort personnel de juridiction et non pas un territoire. C'était l'ensemble de toutes les colonies de Letès, enclavées dans divers comtés ou *pagi* territoriaux. Voyez **Précis topogr. sur l'ancienne Belgique**, paragraphes 50 à 53. A l'aide de ce système on s'explique pourquoi certains lieux indiqués comme situés dans le *pagus Lœticus* sont pourtant si éloignés les uns des autres.

(4) *Haines* (Hainaut dans le diplôme de 877). Haines, Artois, Pas-de-Calais, canton de Cambrin. Un diplôme du comte Charles-le-Bon, sous la date de 1125, place Haines dans le Weppes; ce qui confirme l'opinion de M. Raepsaet sur le *pagus Lœticus*. Cette terre, enlevée à l'abbaye de Marchiennes, par Arnoul-le-Vieux, comte de Flandre, lui fut restituée par un diplôme du roi Lothaire, donné à Douai, en 976. Voyez Buzelin, **Gallo-Flandr.**, 342, Miræus, 1, 143, **Acta SS. Belgii**, IV, 510. Nous avons dans les archives de Marchiennes l'original de ce diplôme, encore revêtu d'une partie de son sceel, et au dos duquel se trouve une pièce assez étrange qui mérite, ce semble, d'être ici consignée : « Ratio dictat et usus approbat ut quisque necessitati
» providens oportune singula quæque dispensent. Quapropter ego Judita abbatissa, cum omni congregatione S. Rictrudis a petitione
» fideles dedimus cujusdam viros nomine Durandum, sive fratrem

gritate et altari, altare etiam de *Alci* (1) et dimidiam carrucatam terre (2) cum undecim hospitibus. In eodem pago villam *Masengarbam* (3) et terras sub omni integritate. Et in eodem comitatu, de villa *Rinenga* (4) de omnibus scilicet rebus majoribus seu minoribus ac de omni acquisitione omnem decimationem. Apud *Lorgias* (5) juxta *Basceiam*, altare et totam decimam parrochie et societatem terre, villam quoque *Parvi Lem-*

» suum Rainoldum in pago Leodio, in villa que dicitur Over, mau-
» sos III, in jure habendi transfudimus ut silicet habeant et posideant
» ipsi et filii eorum. A respectu date precarie singulis annis ad festi-
» vatem S. Vodasti (S. Remigii)? que est kl. octob. III solidos persol-
» vant. Quod si de censu negligens umquam usus fuerit, secundum
» legem salicam cogatur emendaturus. Ad noticiam ergo et hujus
» facti probationem duas istas fecimus cartulas ut et eas usquam ha-
» buerit et nostra pari ratione confirment. Que ratio... Actum Domi-
» nico publica coram testibus multis et videntibus plurimis quorum
» nomina et signacula subter habeant. Signum Martini prepositi. S.
» Grimoldi. S. Grinberti, S. Gisleberti. S. Richarii. S. Balduini mar-
» chisi. S. Werini. S. Sciheri. S. Rotberti. S. Reva. S. Wisegart. S.
» Amalberga. S. Lotharii regis gloriosi. »

Abstraction faite du style barbare de cet acte, je le trouve digne d'être conservé, d'abord comme faisant la première mention de la villa Over, Ouvert, en second lieu comme offrant une série de noms des religieux et religieuses de Marchiennes au Xe siècle.

(1) *Alci*, Auchy-lez-La-Bassée, canton de Cambrin.

(2) Une charrue de terre, la quantité de terre qu'on peut labourer et exploiter avec une charrue, c'est-à-dire un attelage de quatre chevaux. Dans ce pays on dit encore : une ferme de deux, trois ou quatre charrues, selon qu'on y entretient huit, douze ou seize chevaux.

(3) Mazingarbe, canton de Lens. Ce lieu, à notre connaissance, n'est mentionné dans aucun acte antérieur à cette bulle de 1123.

(4) Ce mot *comitatu*, qui a ordinairement une signification plus étendue que l'expression *pagus*, tend ici encore à fortifier l'opinion de M. Raepsaet. J'en dis autant à l'occasion de *Reningha*, Reninghe, situé dans l'ancienne châtellenie de Furnes, aujourd'hui arrondissement de Dixmude.

(5) Lorgies, canton de La Ventie. Je suis porté à croire que ce lieu est le même que *Nantgiaco*, indiqué dans le diplôme de 877 comme appendice de Haines. L'expression *societatem terræ* mérite d'être ici remarquée ; elle signifie le droit à la moitié des fruits, droit laïc qui n'exclut pas le droit ecclésiastique de la dîme : *decimam parochiæ*.

ni (1) cum terris que continentur ab eadem villa usque ad *Spumerel* (2), et ab eo loco tendunt per *Petrosam Beccam* (3) usque ad *Scotam Hervini* (4) et inde usque ad metam sancte Rictrudis que est in publico itinere, et a meta sancte Rictrudis usque ad viam que tendit ad ecclesiam de *Lorgiis*, et inde iterum usque ad *Parvum Lemnum*. In eadem regione in villa *Overt* (5), terram ad censum duodecim solidorum. In pago *Atrebatensi* villam *Bariacum* (6) cum integritate et altari. In villa *Frasnes* (7) hospites quinque. In pago *Ostrevanno* (8)

---

(1) Petit-Ligny, hameau de Lorgies.

(2) Le Haut et le Bas-Pommereau, hameau d'Aubers, Nord, canton de La Bassée.

(3) Je n'aperçois dans ces parages aucune localité dont le nom ait quelque rapport avec *Petrosa-Becca*, si ce n'est peut-être *La Bouchaine*, hameau d'Illies, canton de La Bassée, ou le hameau de Piètre, près Neuve-Chapelle. La finale *becque*, qui signifie ruisseau, se retrouve dans plusieurs noms de lieux du pays, *Bambecque*, *Bousbecque*, *Escobecque*, *Esquelbecq*, Morbecque, arrosé par le ruisseau *Papote-Becque*, et enfin Steenbecque, traduction littérale de *Petrosa-Becca*. Tous ces villages sont trop éloignés du canton qui nous occupe pour qu'on puisse appliquer à l'un d'eux la dénomination dont il s'agit, à moins d'adopter l'explication de M. Raepsaet.

(4) *Scotam-Hervini* me paraît plus inexplicable encore que *Petrosa-Becca*.

(5) *Overt*, nommé dans le diplôme de Judith, cité plus haut déjà, note 6, figure dans les cartes entre Festubert et Violaines, sous le nom de rue d'Ouvert. Voyez M. Herbaville, 1, 302. C'était une section du village de Givenchy-lez-La Bassée.

(6) Il y a en Artois trois Boiry: Le premier, Boiry-St-Martin, était du domaine de St-Vaast; l'autre, Boiry-Notre-Dame, appartenait au chapitre cathédral de Cambrai. Celui-ci, Boiry-Ste-Rictrude, canton de Beaumetz, est nommé dans la vie de la sainte fondatrice de Marchiennes, vie écrite par Hucbald vers l'an 907.

(7) Je pense qu'il faut appliquer cette dénomination à Fresnes-lez-Montauban, canton de Vitry.

(8) L'Ostrevant, circonscrit par l'Escaut, la Scarpe et la Sensée, est un *pagus*, désigné dans le diplôme de 877, comme faisant alors partie du *Comitatus Atrebatensis*. C'est vers 1160 que Godefroy de Bouchain céda à Bauduin-le-Bâtisseur, comte de Hainaut, son comté

villam *Salliacum* (1) et *Gaugiacum* (2) cum altaribus sub omni integritate. In eodem pago villas *Absconium* (3) et *Heram* (4) cum ecclesiis et *Saltu Bruilo* (5) cum omni integritate. In *Horninio* unum cultile et decimam que ad Heram pertinet. In *Helemis* (6) cultile unum. In *Mastangeo* (7) septem cultilia et decimam ejusdem ville in dominicatu. In *Marcheta* (8) quatuor cultilia. In *Lorcio* (9) super fluvium *Scaldi* duo molendina. In eadem regione *Ostrevanni* alodium *Vesinium* (10) sub omni integritate. Altare de *Enice*

d'Ostrevant qui néanmoins resta du diocèse d'Arras, sous le titre d'archidiaconé d'Ostrevant.

(1) Sailly, canton de Vitry, ne figure pas dans le titre de 877, mais bien dans celui de 1046, par lequel le comte Bauduin de Lille confirme les possessions de l'abbaye de Marchiennes, Miræus, IV, 179. Ce village ayant été brûlé en 1115, l'abbé Fulcard fit fondre la châsse de sainte Eusébie pour venir au secours des incendiés.

(2) Gouy-sous-Bellonne, canton de Vitry, paraît plus ancien que Sailly, puisqu'il est cité dans le diplôme de 877.

(3) Abscon, canton de Bouchain. Ce lieu ne semble pas avoir été nommé dans aucun acte antérieur au XII® siècle.

(4) Erre, canton de Marchiennes.

(5) C'est évidemment le Bois-Brûlé, ou mieux le bois de Bruille, au nord d'Erre et de Fenain. Un titre de 1176 dit *Silvam Bruilo*. On aura trouvé tout simple de traduire *Bruilo* par *brûlé*.

(6) Hellesmes, canton de Bouchain, était un domaine de l'abbaye de St.-Amand. Voir dans les titres de ce monastère un diplôme de l'an 899.

(7) Mastaing, canton de Bouchain, était aussi à l'abbaye de St.-Amand, sauf la dîme. Ce nom ne paraît pas dans les titres avant le XII® siècle.

(8) Ce nom, de forme diminutive, semble indiquer que Marquette fut, dans l'origine, une annexe de Marcq. Aujourd'hui l'annexe est plus importante que le chef-lieu. Marquette, qui ne figure dans aucun acte antérieur à celui-ci, est du canton de Bouchain.

(9) Lourches, sur la rive gauche de l'Escaut, canton de Bouchain, est nommé dans une charte de 1097, par laquelle Lambert, évêque d'Arras, donne l'autel de Lourches à l'abbaye de St.-Amand.

(10) Visignon-lez-Lewarde, canton de Douai-sud. Ce hameau ne figure pas sur les listes qui font suite aux *Notes statistiques* de M.

(1) et totam decimam. In Duaco hospites et de turre (2) comitis censum quinque solidorum. In eodem castro familiam sanctarum Rictrudis et Eusebie a theloneo liberam. In pago Cameracensi dimidium villarum de *Hailcort* (3) et de *Wasched* (4) et de *Sandemon* (5) et de *Tribocurt* (6) cum omni integritate, redditum quoque triginta et unius modiorum puri frumenti singulis annis a mansionariis de Hailcort et reliquos redditus.

Plouvain. L'alleu de Visignon fut donné à l'abbaye de Marchiennes, en 1089, par Thierry, seigneur dudit lieu. Miræus, 1, 515. L'acte original existe encore aux archives du Nord, fonds de l'abbaye de Marchiennes. C'est la famille De Forest qui, au siècle dernier, possédait les seigneuries de Lewarde et de Visignon.

(1) C'est Aniche qu'il faut reconnaître sous cette forme un peu éloignée. On lit Hanic dans une charte de Lambert, évêque d'Arras, sous l'an 1103. Aniche est du canton de Douai-sud.

(2) Une ancienne chronique de Marchiennes, citée par Buzelin, *Gall. Flandr.*, 240, dit que cette tour du comte était la maison même de ste. Rictrude.

(3) Ecourt-Saint-Quentin, canton de Marquion, nommé *Ailcurt* dans la bulle de Pascal II, 1004, et *Ahilcurt* dans le diplôme de Robert-le-Frison, 1076.

(4) Ce Wasched, ainsi que les trois noms qui l'accompagnent ici, est encore désigné dans une bulle de Pascal II, 1004, pour St-Amé de Douai; mais je ne trouve aucun lieu auquel on puisse l'appliquer. Il faut que ce nom se soit tout à fait perdu; car je n'en vois aucune trace dans les terriers et chassereaux de l'abbaye. V. *Gloss. topogr. du Cambrésis*, p. 1, IV.

(5) Saudemont, Pas-de-Calais, canton de Vitry, est quelquefois nommé *Sanctus Mons*. S'il fallait s'en rapporter à une charte de l'an 1080, citée par Carpentier, *Histoire de Cambray*, preuves II, ce lieu, désigné sous le nom de *Salismons*, aurait été donné en apanage à un cadet de la maison de Vermandois; mais la charte en question n'existe pas et n'a sans doute jamais existé dans les archives de Ste-Croix de Cambrai, d'où Carpentier prétend l'avoir extraite. M. Harbaville aurait donc bien fait de ne pas s'appuyer sur une telle autorité dans son *Mémorial* du Pas-de-Calais, 1, 276.

(6) Ne serait-ce pas *Tréhaucourt*, nommé dans une charte de St-Amé, 24 janvier 1390, ou bien encore *Torbulz*, cité dans le diplôme de Robert-le-Frison, 1076? *Torbulz* paraît être Tréhaut, canton de Vitry.

In vivario quoque de Sclusa habet ecclesia Marceniensis piscatorum unum perpetuo, eo quod pars quaedam ejusdem vivarii sit in alodio S. Rictrudis (1). In comitatu *Hainonensi* pedium *Batingeiarum* (2) cum proxima silva *Pelices* (3) nomine et cum omni integritate. In episcopatu *Suessionensi* in villa Viriniaco (4) hospites et curtem indominicatam cum terris et vineis ad eam pertinentibus, et in proximo mansum *Carrays* (5) cum terris et vineis suis (6). Que videlicet universa in consuete li-

(1) Je remarque que la bulle d'Eugène III, 1146, qui reproduit presque textuellement les dispositions de celle de 1123, ne contient pas ce passage : **Vivario de Sclusa** doit s'entendre des étangs de Lécluse, canton d'Arleux, étangs qui confinaient avec Saudemont, seigneurie propre de Marchiennes.

(2) Badegnies, Battegnies ou Batignies, hameau dépendant de Prisches.

(3) Prisches, voisin de Binch, était le chef-lieu de la seigneurie de Battegnies.

(4) Vregny, Aisne, canton de Vailly, fut longtemps le siège d'un prieuré de Marchiennes. L'abbaye tirait de là sa provision de vin ordinaire. Vregny avait été donné à sainte Eusébie par Dagobert, lorsqu'il la tint sur les fonts de baptême.

(5) Ce lieu, voisin de Vregny, est nommé Carreu ou Karreu dans les inventaires et terriers de l'abbaye.

(6) Voici une addition bizarre donnée par le cartulaire : « In » territorio de Gaverella et de Ulpi decimas quasdam : in potestate » Novilulle decimam LXIII raseriarum terræ ; in potestate de Frasne » similiter tantum habet et quinque hortos ; in potestate de Ulpi » decimam ad XXX raserias ; in potestate de Hise ad XII modios dua- » censes ; in potestate de Gaverella ad LXIII raserias duacenses ; in » potestate de Menricurt ad XVI raserias. » Les noms des lieux cités dans ces additions ne paraissent pas d'une interprétation difficile. **Gavarella**, c'est Gavrelle, canton de Vimy. **Ulpi** est le même qu'Oppy, aussi canton de Vimy. **Novilulle** doit être Neuvireuil, même canton ; **Hiser**, Izel-lez-Equerchin, canton de Vimy, et **Menricurt**, Méricourt, même canton. Les titres de Marchiennes prouvent qu'en effet l'abbaye exerçait des droits de dîme et autres dans ces divers lieux, qui tous, chose remarquable, étaient de la seigneurie de St.-Vaast d'Arras. Le mot **potestas**, employé ici, s'interprète dans le sens de juridiction seigneuriale. On le traduisait par **pouvoir** (le pouvoir de Demicourt en Artois), plus souvent par **poesté**. Nous avions à Cambrai la poesté St.-Géry, la poesté St.-Sépulcre.

bertatis immunitate decerminus permanere, quatenus fratres quiete omnipotenti Deo debita possint servitia exhibere.

Nulli ergo omnino hominum liceat idem cenobium temere perturbare aut ejus possessiones auferre, vel ablatas retinere, minuere, vel temerariis vexationibus fatigare. . . . . .

Ego Calixtus catholice ecclesie episcopus
BENE VALETE.

Ego Lambertus Ostiensis episcopus. — Ego Conon Prenestinus episcopus. — Ego Petrus presbiter cardinalis tituli SS. Nerei et Achillei. — Ego Gregorius diac. card. S. Angeli.

Dat. apud Montem Casinum per manum Aimerici sancte romane ecclesie diaconi cardinalis et cancellarii, kalendis novembris, indictione II^a, Incarnationis Dominice anno MCXXIII, pontificatus autem Calixti secundi pape anno V^{to}.

NOTA. Il en existe un autre original portant la date suivante : *Datum Laterani per manum Hugonis S. R. E. subdiaconi, non feb. indict. I, Incarnationis Dominice anno MCXXIII*. Cette expédition plus récente de quelques mois diffère très-peu de la première dans son ensemble. Pourtant j'y trouve en plus les passages signalés dans les notes ci-dessus comme produits par le cartulaire, qui aura ainsi refondu sous la seule date du 1er novembre les dispositions comprises dans la bulle du 5 février.

III.

Géraud, évêque de Tournai, concilie un différend entre l'abbaye de Marchiennes et les seigneurs de Landast (1151).

Orig. en parch. muni du sceau de l'évêque de Tournai. *Cartulaire*, fol. XXVII.

In nomine Sancte et Individue Trinitatis. Geraldus, Dei gratia, Tornacensium episcopus, universis ecclesie filiis in perpetuum. Notum sit omnibus tam presentibus quam futuris quod concordia que inter ecclesiam Marceniensem et duos milites, Stephanum scilicet de Landast (1) et Rogerum fratrem ejus, jam dudum facta fuerat et privilegio predecessoris nostri Symonis episcopi confirmata, coram nobis renovata est. Contentio siquidem inter eos de quadam terra extiterat cujus pars in diocesi nostra, pars in Attrebatensi sita est, a Mortua scilicet Aqua (2) que jacet in parrochia de Bevrui, sicut rivus de Bevrui portat usque ad raciam (3) de Breilun et sicut divisio terre S. Amandi portat usque ad eatdem raciam de Breilun. Hec ergo concordia ita facta est ut tocius terre et silve que intra hunc terminum jacet ecclesia Marceniensis medietatem habeat, medietatem vero alteram prefati milites teneant in feodo ab abbate ipsius ecclesie, ita ut pro ea legii homines ejus sint, una tamen sola legietate et una post mortem requisitione. Si alter ex eis obierit, alteri totum feodum remanebit; si uterque absque herede desponsate conjugis decesserit, ecclesie pro animabus suis remanebit. Quod si ambo heredes ex desponsata habuerint, due tantummodo persone hereditabunt. Nullam munitionem vel domum firmam ibi construere eis licebit; et hospites, quia

(1) Une généalogie inédite de Landas, rédigée en 1627 par Christ. Butkens, porte qu'Etienne de Landas, avoué de Marchiennes en 1251, épousa la fille héritière d'Athelardus, seigneur d'Eyne. D'après le même document, Roger de Landas fut aussi avoué de Marchiennes; puis de Cysoing où il est inhumé. Ils étaient fils d'Amauri, sire de Landas, de Warlaing, etc., et d'Ermentrude, sa femme.

(2) Ce nom de *Mortua Aqua* s'applique sans doute aux eaux stagnantes et aux tourbières qui environnent Beuvry.

(3) *Racia*, *rascia*, *raschia*, que Du Cange interprète : *aqua subsidens*, *locus cœnosus*, est une mare ou eau stagnante. De là viennent nos termes de patois wallon *raque* et *enraquer*. Rache ou Pont-à-Rache, situé sur la Scarpe et sur le courant de la *Noire-Eau*, paraît tirer aussi son nom de sa position aquatique et marécageuse. *Magnam is pagus partem*, dit Buzelin, *vel in silvis latet vel paludi assidet*.

magne molestie monachis fuerant et dampno, ipsi milites recedere facient; nec ibi mansio fiet preter unam curtim que ibi in plano campo erit; in qua ecclesia unum agricultorem qui terras excolat et pecora nutriat que ibi communiter posita fuerint deputabit. Tocius agriculture que ibi fiet medietatem pro labore suo agricola habebit, alteram vero medietatem ecclesia et milites inter se equaliter divident, excepta decima que tota solius ecclesie erit. Si communi assensu silvam ibi nutrierint, neuter alteri quin eam vendat prohibere poterit; de precio tamen quod inde sumptum fuerit sub testimonio custodis sui medietas ad ecclesiam et medietas ad milites pertinebit. Per omnia autem quicquid adquisitionis vel emolumenti, sive in advocatione seu in districto, vel in terra ibi habebit, equaliter ecclesia et milites inter se divident. Preterea concessum est ut ecclesia de sumptu et expensis tamen militum quoddam molendinum secus silvam super rivum de Bevrui situm et vivarium reficeret; nec tamen propter hoc in adjacenti nemore vel in terra, extra vivarium et molendinum, jus aliquod seu possessionem reclamare poterunt. Statutum est etiam quod eo tempore quo prata adjacentia custodiri incipiunt, ne mundatione vivarii herba pratorum depereat, ex consuetudine aqua de vivario transcurrere dimittetur. Postquam autem semel molendinum et vivarium ex sumptibus militum extructum fuerit, tam in vivario quam in molendino medietatem milites in vita tantum sua habebunt et ecclesia alteram medietatem; ita ut, si alter eorum obierit, alter qui vivus remanserit quod duo prius habebant fratres solus habebit. Sicut autem communiter tam ecclesia quam milites postea redditus accipient, ita et expensas que necessarie fuerint communiter ponent. Post mortem vero nullus heres eorum neque in molendino neque in vivario reclamare poterit, sed totum pro animabus suis in elemosina ecclesie remanebit. Hec itaque concordia, sicut hic descripta est, Tornachi in presentia nostra, tam ab abbate Marceniensi domino Hugone, monachisque ejus quam a prefatis militibus concessa corumdemque militum sacramento confirmata est, ut si forte, quod absit, cam excessisse prefati milites comprobari potuerint, ut publice a nobis excommunicentur concesserunt meque ut inde fidejussor essem petierunt. Ne ergo nostris seu futuris temporibus contentio aliqua exinde rursus possit oriri, auctoritate Domini, presenti carta sigillique nostri impressione et testium subnotatione sub anathemate prohibemus. S. D. Gerardi episcopi. S. D. Milonis Morinorum episcopi. S. Desiderii Tornacensis archidiaconi. S. archidiaconorum Morinensium, Philippi atque Milonis. S. D. Leonis abbatis S. Bertini. S. D. Franconis abbatis Lobiensis. S. D. Marsilii Aldeburgensis abbatis. S. D. Hugonis abbatis S. Amandi. S. D. Ingeranni abbatis S. Medardi Suessionensis.

Actum Tornaci anno ab incarnatione Domini MCLI.

IV.

Thierri d'Alsace, comte de Flandre, affranchit deux femmes de Warlaing et les met sous le patronage de l'abbaye de Marchiennes (1157). Orig: muni de son sceau mutilé sur le pourtour.

Ego Theodericus, Dei gratia, comes Flandrie, notum fieri volo tam futuris quam presentibus quod has duas feminas, scilicet Odam de Warlennio et Erenburgem sororem ejus, quondam mee familie, liberas trado S. Rictrudi et liberos earum, sicut et liberos Erentrudis sororis earum liberos trado (1). Et ut de cetero nullus illi progeniei molestus sit nec ecclesie S.

---

(1) Ces sortes d'affranchissement, avec donation à une église, avaient lieu déjà au XIe siècle. Le cartulaire de St-Père de Chartres, si savamment édité par M. Guérard, en offre plus d'un exemple. C'était le service, ou, si l'on veut, le servage substitué à la servi-

Rictrudis, hanc cartulam sigilli mei impressione et testium subscriptorum annotatione firmavi. S. Walteri prepositi Furnensis. S. Balduini de Arca, S. Eustacii camerarii. S. Guisfridi de Hamelincurt. Actum Attrebati anno Domini M° C° LVII (1).

V.

Lettres de Robert, évêque d'Arras, réglant un différend entre Marchiennes et Anchin, au sujet de la pêche sur la Scarpe. — Sans date, 1130-1147.
Orig. parch. muni d'un sceau dans une bourse.
Au dos de l'acte on lit : S. Roberti, Atrebatensis episcopi, de piscatione nostra, contra Aquicinctenses.

In nomine Patris et Filii et Spiritus sancti. Robertus, Dei gratia Atrebatensis episcopus, tam futuris quam presentibus. Nullum latet fidelium ad nostrum spectare officium in omnibus ecclesiarum paci prospicere et omne quod vel in presenti vel in futuro turbare potest fraterne pacis unitatem et concordiam quantum in nobis est modis omnibus procul arcere. Igitur juxta petitionem Marceniensium monachorum contentionem quandam inter suam et Aquicinctensem ecclesiam de piscatione fluminis Scarpi obortam, sed, Deo volente, in presentia nostra

tude, comme il résulte d'un titre de l'an 1061, où on lit : « Ego, in
» Dei nomine, Hugo, cum filio meo Hugone et filia Beatrice, hunc
» mei juris collibertum Letaldum, cum uxore sua Amalberga et fratre
» Rannulfo, cum filiis et filiabus qui ex eis nati fuerint, cedo ad locum
» S. Petri Carnotensis cœnobii, quatinus liberi in *servitio* ejusdem
» loci remanerent. *Cart. de St-Père*, I, 180.

(1) Cette charte d'affranchissement fut confirmée en 1186 par le comte Philippe d'Alsace, fils et successeur de Thierri. *Cartulaire de Marchiennes*, folio LXXVIII. Les témoins de ce dernier acte sont : Michel, connétable de Flandre, Michel, châtelain de Donai, Thibaud, maire d'Orchies, Amauri de Landast, Gérard de Messine, et Robert, clerc du comte.

tandem consopitam, litteris jussimus annotari, quatinus, audita utriusque partis controversia et pace postmodum in invicem restituta, non presumat aliquis in futuro ad litem revocare, quod de lite ad pacem nunc constat transmigrasse. Dicebat itaque D. Alvisus, abbas Aquicincti, quia a Wasconis Curva usque ad Bellosam Rasciam, ubi ripa Scarpi fluminis ex una parte sua esset et ex altera Sancte Rictrudis, ibi etiam piscatio sibi cum Marceniensibus deberet esse communis et ibi piscatores sui jure possent usque ad medium alvei palos figere, lacunas statuere et ad pisces capiendos ingenia parare. Per aquam vero suam, id est aquam ville Vereti (1), dicebat Marcenienses monachos nullam secum habere communionem piscandi. Ad hec D. Amandus, abbas Marceniensis, respondebat dicens : Certe, juxta vocem populi testimonium perhibentis et sicut habetur in antiquis descriptionibus nostri monasterii, meatus Scarpi fluminis et omnimoda piscatio a Wasconis Curva usque ad Brachiorum Locum proprie est Marceniensis ecclesie, cujuscumque sit litus ex utraque parte, excepto quod in aqua ville Vereti, que est a rascia Pomeriis usque ad rasciam Rulagii, licet Aquicinensibus ministris cum quibus libet retibus piscando transire ; et quod domino Warlennii in angulo suo licet habere tres tantummodo lacunas palis et viminibus compositas ; sed nullam jure licet ei cum retibus exercere piscationem per decurrentes aquas. Hec erat controversia inter predictas ecclesias et causa contentionis ; sed tandem apud Atrebatum judicio episcoporum, sex abbatibus ab utraque parte electis res tractanda committitur, ut quod, Deo inspirante, inde decernerent, sine aliqua refragatione semper ratum haberetur. Decreverunt itaque assensu utriusque partis quod prefata possessio fluminis Scarpi, seu piscatio superius descripta ecclesie Marceniensi in pace remanere deberet, si unus de servis S. Rictrudis, jussu

(1) Vred, près de la Scarpe, à 4 kil. de Marchiennes, est nommé en 1046, dans le diplôme de Bauduin de Lille pour Marchiennes. *Mirœus*, III, 179.

abbatis ipsius ecclesie, illam possessionem seu piscationem de jure monasterii Marceniensis esse juraret. Quod juramentum cum protinus factum fuisset in presentia nostra et pro arbitrio abbatum res esset definita, rogaverunt me Marceniensei monachi ut hujus actionis series pontificali auctoritate a nobis confirmaretur, ne iterum ex simili occasione inter suam et Aquicincti ecclesiam in futuro per ignorantiam discordia oriretur. Ad comprimendam igitur cujuslibet pervasoris audaciam, que in presentia nostra dicta vel gesta sunt pontificali auctoritate rata fore decrevimus, et sigilli nostri impressione signantes, personarum que ibi affuerunt testimonio astipulavimus. Si qua vero ecclesiastica vel secularis persona, sciens hanc nostre descriptionis paginam, temere contra eam venire presumpserit, anathemati subjaceat, et nisi congrua emendatione satisfecerit, in extremo examine reatus sui penas exsolvat. S. Roberti Atrebatensis episcopi. S. Walteri abbatis Sancti Vedasti. S. Absalonis abbatis Sancti Amandi. S. Hugonis abbatis Hasnoniensis. S. Hermanni abbatis Tornacensis. S. Gervasii abbatis. S. Hugonis abbatis de Henin. S. Ogeri abbatis. S. Drogonis et Roberti archidiaconorum. S. Petri prepositi.

VI.

LOIS ET COUTUMES DE LA VILLE DE MARCHIENNES.

Che sont les ordenanches de le loy de le ville de Marchiennes, faites et renouvellées par religieus homme, Jehan (1) par le

(1) Jean de La Bassée, dont la prélature n'est indiquée que d'une manière vague dans le *Cameracum Christianum*, 209, siégeait déjà en 1324, comme le témoigne un acte du mois de mars de ladite année, par lequel Kateline, dite *la mairessé de Marchiennes*, cède ou restitue à l'abbaye la mairie de la ville avec les droits y attachés. C'est sans doute par suite de cett cession que l'abbé Jean a promulgué la loi que nous publions ici. Ce document mériterait d'être comparé, article par article, avec les *Bans de l'échevinage d'Hénin-Liétard* que

grasce de Dieu, abbet de l'église de Marchiennes, par le consel de bonne gens, al honneur de Diu et de sainte église.

Pour le pais et commun pourfit de toute le ville et mairie de Marchiennes et pour l'avantage de tous les manans et habitans oudit lieu et de leur consentement, et selonc les boins us et boines coustumes qui ont esté maintenues dou temps passet, lesquelles ordenanches li dis abbés voelt et ordenne que elles soient entirement tenues, jugiées et maintenues par les eschevins de le ditte ville et les met ou serment desdis eschevins en lō fourme qui chi apriès s'ensieut :

Premiers. Se eschevin viennent à enqueste à eschevins de Marchiennes, il doivent aporter leur enqueste par escript, ou il ne soyent nient enquesté.

Item que eschevin ayent ung papier où les enquestes soient registrées, et li banit et jours de le banissure et les années et li fait pour quoy ils seront banit.

Pour le fourfait des bos, xxx saulz douis (1).

Pour le fourfait des ewes, xxx saulz douis; pour le fourfait du vivier; LX saulz douis; quy brise sasine à LX saulz douis; quy lieuve pourfis de tieres qui doivent terrage sans le congiet du signeur à LX saulz douis; quy busque (2) à autruy maison en

M. Tailliar a édités dans son beau *Recueil d'actes en langue romane wallonne*, in-8°, Douai, 1840, publié par la Société des sciences et arts de Douai.

(1) Le saul ou sol douisien formait la vingtième partie de la livre douisienne, qui elle-même valait, en argent de France, 4 sols 2 deniers. Le denier de Douai était, dit M. Plouvain, frappé, d'un seul ôté, d'un rameau sans feuilles, ressemblant assez au créquier de la maison de Créqui.

(2) *Busquer* ou *buquer*, frapper, heurter. J'ai peine à croire que ce mot vienne de *butar*, comme il est dit dans le vocabulaire roman qui est à la fin du glossaire bas-latin de Du Cange, ou de *pulsare*, comme Roquefort semble l'affirmer. S'il fallait absolument donner une étymologie à ce terme qui est resté dans notre patois, j'aimerais autant le dériver de *buca*, *bucia*, bûche, bâton. Puisque l'on dit *bastonner*

faisant force, banis an et jour et à LX saulz douis; qui demande
autrui hirtage à LX saulz; qui entreprendra sur le wareskais de
le (ville) sans fouir, il le doit avoir hosté dedens VII jours et VII
nuis, puis que li sires li ara commandé à hoster et que eskievin
l'aront dit sur l'amende de III saulz. Et se plus de VII jours et
VII nuis i demoroit, che seroit sur le ban de le ville.

Qui foura ès pature u en wareskais de le ville sans congiet
du signeur, à LX saulz douis. Qui fait force dont vérité apere
à LX s.

Quy keurt sus u fait samblant de courre sus autrui ou de lui
assalir, chieus ou celle qui venroit à le meslée en confortant
chelui qui le meslée commencheroit, u en faisant semblant de
lui aidier et conforter, renforceroit meslée et seroit banis de le
ditte mairie an et jour, et doit raporter son fourfait à se revenue,
telle que li eschevin jugeront.

Quy jue as dés, se ce n'est as table u as eskiès, à X saulz. Et
chieus en qui maison on jueroit, seroit à XX saulz, se il le
souffroit, et ne s'en puet excuser por dire que il l'ait deffendu,
s'il ne le fait sentir à justice.

Item qui jue à nul ju, là u on perde un waigne plus de XII d.
parisis, à X saulz.

Qui jue de faulz dés, à X saulz et banis à volenté. — Qui va
puis le cloque sans porter candelle ardent en lanterne, à X saulz.

Qui enforce le justice, à LX saulz. Et tout chil que li sires
ou li sergans sermentés veroient et nommeroient par nom et
par surnom, qui à leur commandement ne leur venroient aidier,
et conforter, il seroient à LX s. et bani à vollenté du signeur et
d'eschevins.

Qui ne venra tout apparilliés de ses armures, telles que il les

de baston, pourquoi ne dirait-on pas *buchier*, puis *buquer* de bûche?
Quant à *butar*, je crois qu'il signifie presque toujours jeter à terre,
bouter.

a, au son de le cloque u marquié de le dite ville u au signeur au lieu à il sera pour aler avoec lui pour lui aidier et conforter et deffendre, se mestier en a, dedens le mairie de Marchiennes, soit pour fu, soit pour autre cose, il sera à III s. et banis à le vollenté du signeur et eschevins, s'il ne peut moustrer loial sone (1) pourquoi il n'i puet estre et en doit estre crus sur sen serment.

S'il avenoit que li baillieus et li sergant sermenté alaissent puis le cloque aval le ville et il trouvascent aucunes gens qui en amende fussent enqueu u enquissent, et il le raportoient par leur serment à eschevins, il doivent estre cru sans autre preuve faire et de force ausi u d'autres meffait.

Se aucuns u aucune leur fasoit force par nuit, noise doivent faire, se faire le pevent boinement, pourquoy li voisin d'autour puissent oïr le noisse. Et se li voisin n'avoient oy le noise u s'il n'avoient eut pooir de faire noise boinement et il le raportoient par leur serment que ensi leur en fust avenu, pour ce ne demoroit mie que li sergant sermenté n'en deuissent estre creu sur leur serment. Et doivent eschevin jugier le meffait sëlonc le raport desusdit, si avant qu'il trouveront que on aroit meffait; et chieus u celle qui feroit le force par nuit, à LX saulz et banis à le vollenté du signeur u d'eschevins et doit raporter s'amende à se revenue.

Quy porte coutiel à pointe, u hace, u paffut (2), u arch et sayettes, u autres armes esmolues, alant u demeurant wiseusement aval le ville, u en le mairie de le ville de Marchiennes, u en faisant aucun samblant, u awet pour ogréver autruy, il est à XX s. et l'armure perdue. Et s'aucuns des manans et habitans

---

(1) Du bas-latin *sunnis*, *sonna*, *sonia*, excuse, empêchement. On dit aussi et plus souvent *essoine*. Exoine est encore aujourd'hui très-usité comme terme de jurisprudence.

(2) *Paffut*, espèce de hâche ou de coignée. Voyez Du Cange, v° *Pafustum*.

de le dite ville voelt issir hors de se maison pour aller hors de le mairie de Marchiennes, en portant pasiblement sans arester ses armures pour son corps warder, se il est en doubte et sans gréver autruy, porter les puet sans meffait et raporter en se maison, sauf chou qu'il n'en ait grévé autrui en nulle manière.

Et se aucun deforain (1) voellent venir en le dite mairie pour arester u pour demorer en une maison de le ditte ville, en aportant leurs armures avoec yaus passiblement, sans riens mesfaire à autrui ne en parolle, ne en samblant, ne en fait, porter les doivent sans arest et desquierquier u desviestir dedens le maison là u il trairont à hostel; mais que (2) il n'ait en le compagnie ensi atournés que trois personnes. Et se plus de trois personnes ensi attournées y avoit, et il passoient u entroient en le dite mairie sans prendre congiet au signeur par yaus u par un de leurs amis, il seroient à xx s. et leur armure perdue.

Et se aucuns des habitans en le ditte ville est en aucune doubte de son corps et il a mestier de ses amis avoec luy pour li mieus warder, il doit faire sentir au signeur le fait pour quoi il en dubte; et li sires est tenus de donner grasce à lui de prendre et de retenir avoec luy ses amis en se maison; li quel se poront warder armer, se il leur plaist, en le maison armet et qu'il ne faicent grief ne damage à nulz des habitans de le dite ville; et s'il le font autrement et il sont trouvé allant aval le ville armé, il seront à xx s. et les armures perdues.

Quy dist lait (3) li uns al autre dont vérité apere, il est à xv saulz; si vont en iii partyes et a li sire le tierch, et li vile le

---

(1) *Deforain* ou *forain* étranger, de *foraneus*. Il s'entend souvent d'un homme qui, ayant du bien en un lieu, n'y demeure point.

(2) *Mais que*, pourvu que. *Mais que* est resté dans notre patois pour signifier *seulement*. «J'avos dix sous, j'n'en ai pus mais qu'huit.»

(3) Dire ou faire *lait* à quelqu'un, c'est l'injurier. De là le verbe *ladengier* ou *laidengier* qui a la même signification. La racine commune est *lada*.

tierch, et chieus à qui lais est dis le tierch. Et doit li sire faire venir ens les ii partyes de chieus qui seroit enqueus en l'amende, là valissant u tenir son corps en prison au frait de celui à qui li lais dis sera fais, de tant que il li vora livrer son despens. Et quiconques diroit à aucune personne en nombre (nom) d'autrui villaines parolles par ire, on le tenroit pour lait dit à celi à qui il le diroit.

Qui mait main à autrui par mautalent (1) à xxv s.; si vont en trois partyes, ensi que dist est.

Quy fiert de batton et d'autre fust par mautalent, sans faire sanc, à xl s.; si vont en iii parties, ensi que dit est.

Qui faict sanc à autruy par mautalent sans armes deffensables à lx s.; et vont en iii parties, comme dit est.

Qui fiert u gette après autrui d'armure deffensable, comment que il ne l'ataigne mie, u qui fait sanc d'armure esmolue, à iiii livres et l'armure perdue. Si vont en iii parties ensi qui dit est.

Qui diroit lait à eschevins u à eswardeur en leur présence pour le loy de le ville, il seroit à cascuns d'iaus à xl s.; et vont en iii parties, et banis de le ville à le volenté du signeur et d'eschevins et doit raporter s'amende à se revenue.

Qui refuseroit wage souffissant de vin qui seroit afforé, u de pain qui seroit à vendre, il seroit a iii s. de cascun fies qu'il l'aroit refusé.

Qui n'aroit closure souffisant ensi comme il deveroit, à iii saulz.

Item que nuls boulenghier ne puist cuire pain en le ville ne mairie de Marchiennes, ne faire cuire hors de le mairie, pour vendre en le ditte ville qui ne wast à l'eswart, toutes les fies que

---

(1) Pour se rendre compte de cette expression, il faut se rappeler que *talentum*, basse latinité, et *talento* en italien comme en espagnol, signifie aussi volonté, disposition de l'âme. *Mautalent* ou *maltalent* équivaut donc à mauvaise volonté, méchanceté, colère.

li sire volra, sur le ban de trois saulz, et que nulz ne faice trop petit pain sur ɪɪɪ s. et le pain perdu. Et si doit mettre cascuns boulenghiers de sen pain à estal, cascun jour jusques à ɪɪ s. du mains, se tant en y a de le fournée qu'il aroit faite pour vendre, sur le ban de ɪɪɪ s. Et se li sires requiert au boulenghier qu'il li moustre u face moustrer toute le fournée que il ara cuit nouvelement u le ramanant de le fournée dont li pains doit estre à estal, ensi que dit est, moustrer le doit li dit boulengier. Et se il ne le moustroit, et li sire en pooit aucune cose trouver qu'il n'est mis avant, il seroit à ɪɪɪ s. et le pain perdu, tout fust il ensi que li pains trouvés fust boins et soffisans.

Item se aucuns fus d'aventure prendoit en le ville en aucune maison, chieus u celle par qui li fus prendroit, seroit banis à le volenté du signeur et d'eschevins, se li fus fait damage à autrui que à lui, et seroient à telle amende que eskievin jugeroient.

Item se aucuns u aucune deforains aportoit pain en le dite vile pour vendre à borc (1), il ne sunt mie tenu de leur pain mettre à eswart, ne de prendre wage, s'il ne leur plaist, se il n'est ensi que li défaulte de pain soit telle en le ville que on puist boinement trouver pain à vendre as boulengier sur wage. Et adonc seroient cil deforain tenus de prendre wage sur le ban de ɪɪɪ s. et mener le wage as us et coustumes que li boulengier de le dite ville sont.

Item cascuns boulenghier doit le tierc de se fournée tourner à pain de maille, se déportés n'en est par le signeur, et le remanant à pain de denier, sur le ban devant dit.

Item que li eswardeur avoec le signeur puissent prendre tel pain comme il voront de le fournée que li boulengier leur moustrera, soit de celui al estal u autre. Et se puent demander

(1) J'estime que cette expression *vendre à borc* veut dire vendre en ville, *apud burgum*.

au boulengier se plus en y a : et s'il le céloit, et on en pooit aucune cose trouver, il seroit à III s. et le pain perdu qui seroit à moustrer, tout fust il ensi qu'il fust souffisans et puent li eswardeur desusdit aler à le maison des boulengiers avoec le sergent sermenté, toutes les fois que il leur plaira, pour savoir et enquerre le vérité de ce que li boulengier aront fait de leur fournée. Et se il trouveront aucune fraude u meffait ès coses desusdites, il le doivent raporter par le serment au signeur et à eschevins; et li eskievin doivent jugier le meffait desusdit selonc le rapport des eswardeurs.

Item que nulz boulengier de le dite ville ne puist cauffer son four pour cuire pain qu'il voroit vendre ne pour auttre cose, puis le viesprée que li cloque du ban de le ville sera sonnée jusques à lendemain qu'il sera jours, hormis le mois d'aoust; et ce qu'il lor convenroit faire pour les trois nataulx (1) del an, ce seroit III jours tans seulement devant le jour de cascun natal sur le ban de III saulz.

Item se aucuns taverniers amaine vins à vendre en le dite ville, traire n'en puet ne prester, ne faire traire, ne prester sans le congiet du signeur jusques à donc qu'il sera aforés, sur le fourfait de III saulz de cascun lot et de cascune fie que il le feroit u feroit faire. Et s'il avenoit qu'il prestast de son vin avant qu'il fust aforé et il en avoit plus pris qu'il ne fust aforés, tenus est du rendre le sourplus à ciaus à qui il l'aroit rechut, se demander le voloient u le sires en voloit sievir, sur le ban de ville devant dit. Et se li sire voelt sievir u aprochier le tavrenier du fourfait du prest qu'il aroit fait faire, le doit à l'aforer, u anchois, u puiscedi que il seroit afforé dusques à dont que li toniax seroit eslevés, toutes les fois que li plaira, et nient puis

(1) On appelait *jours nataux* les trois principales fêtes de l'année, savoir Noël, Paques et la fête de tous les Saints. Souvent on y ajoutait la Pentecôte. Du reste, il paraît que cette expression n'était usitée que dans les diocèses de Cambrai et d'Arras.

que il est eslevés. Et est tenus li taverniers et toute se maisnie, se li sire le requiert, de dire sur leur serment quantes fois et combien il en aroient trait u faire traire certainnement avant que'il fust afforé. Et ne puet nultz taverniers qui ait amenés vins en le dite ville revendre ses vins en gros pour mener hors de le ville sans le congiet du signeur, sour estre banis de le ville à le vollenté du signeur et de eschevins, sur telle amende que eskevin jugeroient. Et doit warder li taverniers sen vin naitement, sans empirier et sans maitre dedens chose qui le puist empirier, puis qu'il sera afforé par eskievins, sour le fourfait de III saulz pour cascune fois. Et sur le vin et le fust avoir fourfait enviers le signeur, se li eskievin le trouvoit empiriet. Et puer li sire, toutes les fois qu'il li plaira, mener les eskievins ès cheliers et ès maisons des taverniers, pour savoir se li taverniers aront fait leur devoir de leurs vins ensi que dit est. Et est tenus li taverniers de prester à cascun des eschevins u los de vin de plain touniel que ne sera mie afforé, se il le requierent, sur boin wage, se croire ne les voelt, tant pour le fuer que le remanans sera afforés, se il estoit ensi que li vins qui seroit afforés fust desous le barc. Et s'il le refusoit à faire, il seroit pour cascune fi qu'il le refuseroit à III saulz.

Item que nulz brasseur de cervoise, de goudalle (1), de miés ne puist vendre sans estre awardé par les eswardeurs, se n'est par congiet du signeur, sur le fourfait de III s. de cascune fois qu'il ensaqueroit, en le manière qu'il est ordené sur les taverniers de vins.

Item que li eswardeur de le cervoise, de le goudale, du miés

---

(1) Ce mot *goudalle* ou *goudaille*, qui s'applique de nos jours à une bière de mauvaise qualité, se disait jadis, suivant l'étymologie *goodale*, de toute bière supérieure. La *goudale* d'Arras avait, paraît-il, de la réputation. On lit dans Guillaume Guiarts (1304) :
« Li autre leur goudale crient ;
» C'est d'Arras, si comme il dient. »

et d'autres denrées, se il ne treuvent les denrées souffisans, il sunt tenus sur lor serment de faire raport à eschevins de ce que il aront trouvés ; et li sires est tenus de conjurer eskievins pour dire loy selonc le raport des eswardeurs. Et li eschevin puent prendre et veir les denrées, se il leur plaist, avant que il en facent jugement. Et selon le raport des eswardeurs et selonc ce qui il vesront les denrées, ils doivent faire jugement.

Item que li dit brasseur n'assiéent nulli en leur hostel puis le cloq, sur le ban de III s. et s'il se meffaisoient en aucune manière en leur denrées vendre, que li sire les puist calengier en le fourme et maniere, comme il feroit les taverniers de vin et li eschevins jugier.

Item tout cil et toutes celles qui vorront vendre u vendront aucun venel en le dite ville à pois u à mesure sunt tenu de peser et de mesurer de loial pois et mesure loial, qui seront ensigniet et approuvé par signeur et eschevins ; et s'il pesoient u mesuroient d'autre pois u mesure, u se on trouvoit aucune fraude u barat faite par yaus ou par lor maisnie et pois ou et mesures qui seroient signées et approuvées par signeur et eschevins par quoi elles ne fussent mie juste, il seroient pour cascune fois qu'il en aroient pesé u mesuré de pois ou de mesure qui ne seroient mie juste à III saulz et les pois mesures perdues. Et pour cascune fois qu'il aroient peset ou mesuré de pois ou de mesure ensigniés ou approuvées par signeur et eschevins esquelles on aroit fait fraude parquoi on ne les aroit mie trouvé juste, ensi que dit est, il seroient à III s. et les pois et mesures perdues et bany à volenté de signeur et eschevins. Et qui pescroit d'autre pois que de métal il seroient à III s. pour cascune fois et le pois perdus.

Item s'aucuns u aucune voelt dore en avant car tuer pour vendre, il doit moustrer le bieste que il vora tuer à eswardeurs et vive et morte ; et s'il ne le moustroit ensi il seroit à III s. et le bieste perdue. Item est tenus cieus qui se bieste ara fait es-

warder pour tuer, d'icelui bieste tuer ou faire tuer en cel jour
meisme qu'elle ara esté eswardée ou au plus lonc dedens lendemain viespres sonnans, sur le ban de III s. Et en qui hostel on
trouveroit car qui aroit esté wardée trois jours puis que li
bieste aroit esté tuée sans estre salée souffissamment, u sans
estre mise en saumure boine et souffisans, il seroit à III s. et le
car perdue. Et se li bouchier avoient fait eswarder aucune
bieste qui aroit esté trouvée en le langhe sainne et souffisans,
et puissedi on le trouvoit soursainée ou non souffisant, vendre
le doivent selonc ce que eschevin ensengneront. Et s'on trouvoit
qu'il euissent fait aucune fraude, il seront banis à volenté de
signeur et eschevins et à telle amende que eschevin diroient.

Item se aucuns ou aucune voelt faire eswarder se bieste à
bouchier ou à autre personne demorant en le dite ville, et chieus
qui le dite bieste eswardera, juge le bieste a soursainée par
fraude et par barat, et pour ce qu'il ou autres en puist avoir
boin marquiet, et li fraude apperra par çou quant li bieste sera
tuée et ouverte sera boine et saine, chieus qui telle fraude aroit
faite seroit à LX s. et banis III ans et III jours ; et doit raporter
s'amende à se revenue.

Item se hons ou fame estant en mariage trespassoit de ce
siècle sans faire devise (1), li moitiés de tous les hirtages que il
aroient ensamble au jour de sen trespas est et demeure as plus
prochains hoirs du mort; et li autres moitiés desdits hirtages et
li meuble et li catel demeurent au darrain vivant quitte et dé-
livre et en puet faire se volenté. Et s'il avient qu'il aient affans
de leur car ensamble par mariage, il partissent moitiés en meubles, cateulz et hirtages.

Item se hons et fame estant en mariage voellent raviestir li
uns l'autre, faire le puet toutes les fois qu'il leur plaist, dedens

(1) *Devise*, testament, de *devisa* ou *divisio bonorum*.

4.

les portes de l'abbaye. Qui autrement le feroit, li ravestissemens ne vauroit nient.

Item que se hons et fame estant en mariage ont afant li uns de l'autre wagniet en leur mariage, il sont raviesti li uns de l'autre.

Item que nulz ne puist herbegier ne lower se maison à estraigne homme ou fame, ne estraingne bieste plus d'une nuit, sans le congiet dou signeur, sur le ban de III s. pour cascune nuit. Et se aucuns estoit repris du signeur que il heuïst herbergiet estrange gent plus d'une nuit et il pooit moustrer souffissamment que il heuissent herbegiet gens sans soupeçon et qu'il n'eussent fait damage ne blasme à le dite ville ne as habitans, li sires puet et doit celi qui ensi l'aroit fait déporter du fourfait et faire déporter, mais qu'il n'ayent esté herbégié plus de VIII jours sans le congiet du signeur.

Item se aucuns ou aucunes se prendoit à autrui de parolle, en disant à lui par ire u par mautalent aucune cose qui apartenist à vilain fait ou à villaine repute, et li sire le pooit savoir, il seroit à telle amende que eschevin rewarderoient, selonc le quantité du fait et bannis à le vollenté du signeur et eschevins.

Item se aucuns u aucunes des demorans ou habitans en le ville et mairie de Marchiennes s'entreprendoient de parolles u faisoient aucun fait ensamble li uns al autre hors de le dite mairie, en quelconques lieu que ce fust, il seroit à autel amende que s'il li avoit fait en ledicte ville et mairie, selonc le quantité du fait.

Item cascuns doit maitre se bieste au pasteur ou au porkier, quant porkier ou vakier y a. Et qui ne les y metroit ou aroit se propre warde, il seroit pour cascun jour à III s. Et doit payer qui meet sa bieste au porkier ou wakier pour l'amorse de cascune bieste ung d. parisis. Et doit avoir chieus qui le bieste prendra son commant dedens les VIII jours que on li ara le bieste envoyet à warder. Et quant et quant il ara heu sen commant, il doit warder le bieste puissedi à son péril et nient devant. Et s'il ne pooit avoir son commant devant dit viii jours, ensi que dit est, il s'en doit traire au signeur. Et li sires doit constraindre chiaus qui le commant deveront par le prise de leur corps et de leurs biens, ou il puet laissier à warder le dite bieste ; et est tenus cascuns et cascune de mettre se bieste en closure par nuit, sur le ban de iii s.

Item se aucuns ou aucune treuve bieste en sen damage faisant, il puet lesdites biestes prendre et amener, se il li plaist, en parc, en le court au signeur. Et li sires doit tenir les biestes tant et si longuement que li damages sera rendus, se li sires en est requis; et si seroient à iii saulz, mais que li lieus où li damage a esté fais soit en tel point que il apartiegne restitution par le jugement d'eschevins. Et cieux u celle qui les biestes aroit prises en sen damage doit demander par son serment le quantité de son damage, en le présence du signeur et d'eschevins. Et sur ce li eschevin conjuret du signeur doivent ensignier par loy que cieus ou celle qui les biestes sont soit adjournés par devant yaus à certain jour. A lequelle journée, chieus qui les biestes sont viengne ou non viengne, chieus qui ara le damage en doit dire par son serment le quantité de son damage que les biestes li aront fait. Et se cieus qui les biestes sont est présens et il voelt croire le demandeur de ce qu'il ara juret, rendre li doit par le dit d'eschevins. Et se croire ne le voelt, li eschevin doivent le demande atemprer (1), selonc ce qu'il appartenra, dedens le quantité de le somme qui est jurée et nient plus. Et chieus qui les biestes sunt, s'il connoist que ce soiient siennes, doit rendre tel damage que lidit eschevin jugeront, ou chieus qui les biestes sont puet laissier les biestes pour le damage ; mais que elles soient en autel valeur que elles estoient quant li damages fu fais. Et se chieus qui les biestes sont par commune

(1) *Atemprer*, régler, arranger, de *temperare*.

renommée ne volloit venir avant à son adjournement dessusdit, pour ce ne demoroit mie que li eschevins ne puissent oïr par foy et par serment le demandeur de sen dit et le demande atemprer, ensi que dit est, sauf chou que li sires puet délivrer au demandeur les biestes qui aront esté trouvés en sen damage, u faire vendre, se prendre ne les voelt, par priserie de boine gent. Et se les biestes valoient plus que li pars ne damage ne montast, li demanderes doit rendre le sourplus au signeur. Et li sires en puet faire se volenté. Et se mains estoient prisiés ou vendues, li sires prendroit sen parch. Et cieus à qui li damages aroit esté fait aroit le remanant. Et s'il avenoit que aucuns ou aucune trouvast biestes en sen damage et il les presist et amenast hors du lieu ù li damage aroit esté fais à pire (1) et à quemin, pour amener en parc par devers le signeur, rendre, ne traire, ne laisser aler ne les puet sans le congiet du signeur ; il seroit tenus de payer le parc au signeur, puis quelles aroient esté mises hors de sen damage sur pire et sur kemin, faire le puet sans meffait et sans payer amende. Et se aucunes biestes avoient esté trouvées en aucun damage, ensi que dit est, et chieus qui les biestes seroient herbegast sesdites biestes puis l'eure que on li aroit fait savoir souffissamment, il seroit tenus de respondre pour les biestes et à le demande de chieus qui le damage aroit heu vauroit faire.

Item se aucuns fais ou aucune meslée avient en le ville de Marchiennes ou en le mairie, entre les manans ou demorans u dit lieu, dont il conviegne prendre triewes, que sitost que li fais est fais ù que les parties seront départies li une de l'autre, que il soyent boines triewes et boins respis XL jours continues entre les dictes parties et leurs amis, horsmis celi ou chiaus qui

_____

(1) **Pire** est un chemin ferré, c'est-à-dire en cailloutis. La basse-latinité employait dans le même sens les mots *pirgus*, *pergus*, *pirius*.

aroient fait le meslée, et que nulz des manans ne demorans ou dit lieu qui apartiegne asdites parties de linage ne les puist renonchier le terme de xl jours durans. Et quiquonques les enfraindroit là en dedans, ce seroit en mauvais fait et en murdre. Et si avenoit que il vosissent venir en le dite ville et mairie puis les xl jours dessus dis, pour renonchier à le dite triewe et respit, renonchier le convient par devant le signeur et pardevant plaine loy de eschevins. Et s'il avenoit que cieus qui aroit renoncié souffissament à le triewe, ensi que dit est, se vosist partir du lieu, partir s'en poroit; mais il ne se poroit pour ce fait mouvoir devant deux jours passés après le renontiation dessusdite, et doit avoir widict le dite mairie en cel jour meisme avant que solaus soit esconsés; et n'i puet rentrer ne demorer devant an et jour. Et s'il i entroit et li sires le pooit tenir, il seroit banis iii ans et iii jours, sauf ce que s'il voelt revenir as jours que on doit crier et crie le triewes de le ville, pour les triewes otryer ou donner, revenir y puet et non autrement; mais que il face savoir au signeur souffissamment ii jours u trois avant que il reviegne en le dite mairie, que il voelle revenir pour ce faire. Et est assavoir que cil qui feront villain fait, si comme de mort et d'afolure u de triewes brisées, ne puet caïr ens ès triewes ne ens ou respit dessus dit, ne en autres triewes, se les parties ne les y voellent rechevoir par acort. Et puet li sires requérir et rechevoir les triewes de le ville toutes les fois que il li plaira et que il en vaura conjurer eschevins.

Item se aucuns a hiretage en près ou en courtieus, en bos, en haies, en tieres ahanables qui s'abouce à waresqués (1) de le

(1) *Waresqués*, *waresquais*, *wireschaix*. On entend par là un pâturage entouré de fossés, souvent commun à tous les ménages du lieu. Il y a dans la coutume de Mons une disposition semblable à celle qui fait le sujet de cette note : « Item que chascun, depuis la
» my-mars jusques à donc que les biens seront despouillez, soit tenu

ville, il doit avoir closure souffissant encontre les wareskais, par quoi biestes ne puissent entrer u damage de son voisin ; et s'il n'avoit fait closure souffisant, ensi que dit est, et biestes y estoient prises ou trouvés, chieus qui n'aroit fait le dite closure seroit à III s., et si rendroit le damage que les biestes aroient fait à sen voisin. Et s'il n'avoit closure souffisans encontre le wareskais dedens les VII jors et les VII nuis que li sires li aroit commandé à faire, il seroit à III saulz.

Item se hons u fame est pris ou tenus en prison pour cas de criesme, dont il convient que esceyin aprengent et enquièrent le vérité du fait, que li eschevin aient avoec yaux, à ces témoins oïr sur ce fait, leur clerc sermenté au frait de celi qui tort ara ; li quelz doit mettre en escript bien et loialement et par sen serment le déposition de cascun tesmoing que on les vora faire oïr, par quoi il puissent sur ce plus certainement estre consilliet de faire boin jugement et loial. Et en tel maniere de autres grandes querelles qui esquèront, doivent li dit eschevin avoir leur clerc sermenté et faire mettre en escript le déposition des tesmoins, ensi que dit est.

Item se aucuns des tenans de ledite mairie est pris et tenus en prison pour aucun meffait que li sires li voelle maitre sus, sans estre pris en présent meffait, et li VII eschevin d'acort requièrent au signeur souffisamment que il le voelle mener par loy, li sire est tenus de mettre le fait pour quoi il le tient à loy, mais que ce ne soit pour cas de criesme ne pour autre cas ù loi n'apartiegne à faire de raison.

Item se li sires voelt faire une franque vérité (1) en le dite

» de renclorre et fosser son héritage contre les wareschaix, sur 27
» deniers blancs de loix. »

(1) *Franque vérité*, assise pour audition de témoins, sorte d'enquête générale sur la police du pays ou de la ville. Nous trouvons des traces de cette institution dans les coutumes de Courtrai, rubr. I, art. 1, dans celles d'Audenarde, rubr. III, art. 6 et 7, du pays d'Alost, rubr.

ville et mairie de Marchiennes, il doit assembler les eschevins et yaus conjurer sur ce comment il pora faire. Et li eschevin conjuret du signeur doivent ensigner par loy que li sires faice crier ledit franque vérité à telles journées que li eschevin li diront. Et que il face adjourner tous les manans et tous les habitans en le dite ville et mairie as journées qui sunt assignées, u aucuns d'iaus, se tant n'en voelt faire adjourner, pour porter tesmongnage de vérité ès cas que on leur demandera à le franque vérité dessus dite. Asquelles journées cascuns et cascune, qui y sera demorans et manans ès rues de le dite ville qui seront nommées as adjornement faire, est tenus de venir dedens les portes de l'abie et au son de le cloke, sur l'amende de III s. por cascune jornée qu'il en défauront. Et puet li sires et li baillieus sermentés estre, se il li plaist, à oïr le franque vérité devant dite; et s'il ne li plaist à estre, pour ce ne demoroit mie que li eschevin sans lui ne peuissent oïr par foy et par serment tous chiaus et toutes celles qui seroient venut u venroient à le franque vérité devant dite, sauf çou que lidit eschevin ne puéent faire jugement de cose que il aient oit ne de cause, qui soit contenue en le franque vérité, dusques à dont que li sires ara veu l'enqueste. Et l'enqueste veue, ensi que dit est, lidit eschevin puéent et doivent faire boin jugement, selonc chou que li sires les vora conjurer.

Item que li gliseur (1) de le dite ville aient raport cascun an pardevant le signeur et eschevins en escript, dedens les xv jors

---

II, art. 8, de Renaix, tit. V. Ces assises se nommaient quelquefois *vérité souveraine* ou *générale*. Dans les coutumes du pays de Waes, il est fait mention d'une *vérité secrète*. Des lettres de rémission, sous la date de 1366, mentionnent le droit de franque vérité à Arleux : « Comme le ville d'Arleux, li sires ... une fois l'an ou plus, » puet faire une franque vérité, jurée et aprise par clain sur ses sub» gets.... souspechonez d'ancuns mauvais cas et vices. »

(1) *Gliseur, églisier*, marguillier, basse-latinité *gliserius*. Le compte de la fabrique de St-Pierre de Lille pour 1500 présente un article ainsi

qu'il seront establit, toutes les rentes et revenues que li église de le ville de Marchiennes a en quelconques coze que ce soit, et du luminaire aussi que li gliseur aront encouvent, par le foy de leur corps, de recevoir bien et loialment lesdites rentes et revenues et qu'ils les dispenseront ens l'onneur et ou profit de le dite église, par le consel du signeur et eschevins, et en conteront à ces personnes III fois en l'an, as termes que on paie rentes dousicnes communément en dite ville de Marchiennes, saùf ce que li sires et eschevin en voloient avoir plus souvent compte que il ne soit à tel jour devant deviset, faire le doivent li dit gliseur à tel jour qu'il leur assigneroient. Et se li dit gliseur en faisoient autre cose, il l'amenderoient du leur par le dit du signeur et des eschevins.

Item en tel fourme et manière que devant est deviset de rentes et revenues del église de le ville de Marchiennes et du luminaire, doivent faire et acomplir li menistre des povres de ledite ville des rentes et revenues qui appartiennent as povres et convertir en leur profit, par le consel du signeur et eschevins; et s'il en faisoient autrement, amender le doivent, comme dit est.

Item que li eschevin ne puissent faire markiet d'atorner les bos de le commugne, ne de retenir les pastures, sans le consel du signeur, se estre y voelt. Et ne puissent rechevoir ne départir le bos de le commugne, ne faire assize pour le coust du labourer, ne rechevoir l'assize, sans le consel du signeur.

Et ce voelt li sires qu'il soit fait sans porter préjudisse à leur chartre que cil de le ville ont de lor commugne.

Item que li tierce partie des forfais qui apperticnent à le ville soit rechute par eschevins et convertit au profit de le ville, ensi qu'il l'ordeneront. Et se li eschevin en faisoient autre cose, et li sires le pooit savoir, il l'amenderoient du leur.

conçu : *Item pro uno missali empto agliserüs parochiæ hujus ecclesiæ... 100 sol.* On trouve ailleurs *gleya* pour *ecclesia* et *glesiasticum* pour *ecclesiasticum.*

Item que li eschevin ne puissent marcander ne faire frais de cose qui appertiene au commerce de le ville, sans le consel du signeur. Et qu'il ne puissent mettre carité ne commencement por despendre à marcandise nulle qu'il faicet por les besoignes de le ville ne du commun, se n'est par le congiet du signeur. Et s'il le faisoient autrement, il l'amenderoient du leur.

Item se plaidiers entre parties que touque le signeur est maintenus pardevant eschevins, si avant que enqueste en soit demandée, li plaidiers iert mis en escript en telle manière que ou le devra porter à enqueste et sera doublés et cyrographés; et li une partie portée à enqueste et l'autre partie demora devicrs le signeur et eschevins, clos et saiélés, de si adont que li enqueste sera rendue, por savoir se eschevin feront de l'enqueste leur devoir ou aront fait.

Item il est establit et ordené que on ne plaidera, fors les dimences et demerques, des débas qui eskeront de tenant à autre tenant de le ville de Marchiennes, se ce n'est as plais généreulx, u por tel cas dont li atente soit périlleuse ou damageuse pour l'ensignement d'eschevins.

Item que li eschevin nouviel, quant on les ara fait eschevin, ne puissent prendre nul des viés eschevins qui nouvellement seront hosté, pour mettre en nouviel eschevinage, ne sergant del abbaie, ne home qui soit tavernier sans le congiet.

Item se aucune personne fait claim sur autre, il doit déclarer son claim et dire le cause de se demande; et se il ne le fait, li justice li doit demander; et dont après doit li justice demander à celi sur qui on ara clamé, s'il congnoist le claim u il l'euye. Et quand il ara respondut ou s'il ne voloit respondre au claim, sitost qui sambleroit à le justice que respondre deust par raison, li justice doit mettre le claim à loy par l'ensignement d'eschevins, ensi que il apartient par les usages du lieu. Et se chieus sur qui on ara clamet voie le claim, on doit mettre jornée as parties à le quinzaine; et à celi quinzaine doivent il aler as sains, ensi que on l'a usé, sans déchevance, se acorder ne se puect anchois. Et doit li justice reprendre les parties sans mal engien et leur aywes, s'il les ont, se il ne mesprendent aucune cose en plaidant par devant signeur, eschevins et mener par loi.

Item que s'il est ensi que uns hons claime sor un autre et chicus li nie le debte, li clameres n'ira mie as loys s'il a souffisant tesmongnage de se debte, ainçois amendera cieus sur qui on ara clamé le claim as usages du lieu.

Item que se aucun claim sont venu à congnissance par loy et par jugement d'eschevins, que nulz ne se puist aquiter, se n'est boin wage et souffisant qui vaille bien et à plain le valeur du claim venu à congnissance.

Item chicus u celle sur qui on ara fait claim ne puet faire claim sur celi qui ara clamé en cely jour, pour demande ne por debte que il face ne puisse demander, ne sur ses pléges, pour cose qui appartiegne à celi querielle de celui qui aroit clamé; mais nous ne disons mie que autres n'i puist bien clamer en ce jour.

Item se li deffenderes a esté en prison pour l'oquison du claim qui fait estoit sur lui et il va quittes par loi, li demanderes li doit rendre ses despens, por cascun jor qu'il ara esté en prison XII parisis, et ne pora clamer sur lui en ce jour.

Item s'il estoit ensi que aucuns par malisse fesist claim sur autrui pour escampir le debte que il meismes deveroit à celi sur qui on clameroit u por ce qui chieus à cui il devroit le debte, ne puist avant faire claim sur ly, et li sires et li eschevin seuissent et aperçussent clèrement telle ghille (1) et barat (2), tels hons

---

(1) *Ghille*, *gille*, *guile*, tromperie, fourberie, *guillot*, trompeur. La Fontaine a peut-être songé à cette signification quand il a dit :

Il auroit volontiers écrit sur son chapeau :
C'est moi qui suis Guillot, berger de ce troupeau.

(2) *Barat*, même sens que *ghille*, mais plus énergique, mot d'origine méridionale.

qui tel claim feroit seroit banis à le volenté du signeur et eschevins et amenderoit tel claim par eschevins.

Item se aucuns, en plaidant devant le signeur et eschevins, dist parolles des quelles il soit repris par le justice du desdit d'eschevins ; et il samble à le justice et à eschevins que telles parolles aient esté dites par simplece et ne mie par malisse ne par despit, li justice, s'il li plest, ou se li eschevin l'en prient, puet mettre celle reprise en souffrance parmi seurté souffisant, desi adont que il ait à l'abbé moustré le fait par devant eschevins, et li abbés le fait, tout ensi que dit est, le pora mettre à nient, se il li plaist, u faire jugier ensi que il appertenra par loy. Et s'il avenoit ensi que li justice fesist teil fait jugier sans moustrer à l'abé, se retient li abbés tel jugement à souspendre et le fait corrigier par luy et par sen consel.

Item s'aucuns a à plaidier par devant signeur et eschevins, soit en demandant ou en défendant, et il ne scet u ne voelt se raison moustrer, prendre puet consel ou amparlier (1) pour se raison moustrer, se il li plaist, u demander au signeur s'il en a aucun en le ville demorant qui soit justiciable au signeur et coustumier de parler por autrui por argent. Et li sires li est tenus de faire, se li amparliers est en le ville et en point qu'il le puist faire. Et ne puet nulz amparliers demander de sen sollaire que XII deniers parisis, de cause qui est de le valeur de soubs cent soulz parisis. Et de cause qui est de le valleur de ç. s. parisis et de plus, II s. parisis. Et li partie qui sera prise en sen tort par le jugement d'eschevins sera tenue de rendre à le partie qui ara droit le journée de ung seul amparlier, tel fuer que devant est dit.

Item de mise emprise pardevant signeur et eschevins, quelle qu'elle soit, u grans ou petite, li miseur ne puéent despendre

(1) *Amparlier, emparlier*, avocat, d'où *amparlarius* de la basse latinité.

sur les parties que ii s. parisis le jour ; mais se les parties ont mestier de conduire tesmoins, si le face cascuns à sen frait. Et se li miseur ont mestier d'avoir consel hors de l'eschevinage de ceste ville, et li besogne le demande, cascune partie doit mener son miseur à sen frait. Et s'il avenoit coze que il y eust ung tiers en le mise, chieus tiers misères seroit au frait des parties communement, s'il avenoit cose qu'il convenist aler hors del eskievinage, ensi que dit est. Et li partie qui est trouvée en son tort doit rendre à l'autre partie qui droit a cous et frais, si avant que li miseur diront.

Item se aucuns aroit debte à autrui, dechi à certain jour, li créeres ne puet de cette debte clamer sur le debteür ne sur les pléges, ce il les avoit, ne autre seurté demander par loy devant le jour qui donnés est, que celle qui a été devisée entre les parties, se il n'estoit ensi avenu que li debteres ou si pléges euissent tant le leur formené u amenri, puis l'eure que li debte aroit esté faite, que on peuist dire par raison que li seurtés ne fus mie souffisans. Et chou est à eswarder as eschevins ; et s'il est ensi par le dit d'eschevins, li clameres doit le clain amender.

Item se li maires warde prisonniers, et li prisonniers voelle vivre du sien, faire le puet. Et se li maires livre au prisonnier sen despens plus avant que loys n'a porté, il en doit prendre raison. Et s'il sanloit au prisonnier que li maires en demandast plus que raison, li eschevin doivent ces despens atemprer ; et par le dit d'eschevins s'en doit li maire et li prisonnier passer.

Item que eschevins ne puet estre à obligation que li manant justicable de le mairie faicent, que li sires ou ses lieustenans n'i soit apiellés. Et li sires n'est tenus à estre à obligation que si justicable voellent faire u il y ait don u paine, s'il ne voelt qu'il n'en soit premiers servis, se deffaute de paie. Et se li sires estoit défallans qu'il ne peuist constraindre ne faire payer le personne que si justicable seroient obligiet, li personne à qui on seroit obligiet se poroit traire à quelconques justice que li plairoit por lui faire payer.

Item que li offene déseagiet (1) aient ii tuteurs, se li peres ne leur avoit donnet tiere, que li tuteur sacent les meubles qui demoront et li hirtage; et cela mis en emploite par le consel du signeur et eschevins.

Item que on ne puist vendre le hirtage de l'offene déseagiet, se li peres ne l'a raporté en son vivant pour debte que il doice, ce n'est par droite nécessité pour son vivre.

Item se on donne hirtage en wages et il soit vendus en plain markiet, que il soit criés et coustumés après le vendage, ensi comme on fait autres hirtages et nient devant ce que il sera vendus.

Item se on crie hirtage, que il soit nommés quels il est, ne ù il siet, ne quambien il est vendus, ne quel rente il doit.

Item se aucuns fait rapors de sen hirtage en le main du signeur, il doit mettre sen serment et dire se il set about ne assenement par quoi li rapors soit souffisans u non. Et se on trouve qu'il y ait alé contre sen serment, il est eskieus du consel de le ville à tous jours et banis à le volenté du signeur et d'eschevins. Et doit rendre tel damage que on trouveroit que cieus qui seroit entrés en l'irtage poroit avoir eut en l'oquison du faus serment devant dit.

Item se homs doit une debte pour lequelle il ait raporté hirtage et si s'en soit obligiés en don, et li dons soit donnés au signeur, que li eschevin soient al ahirter le markant qui le hirtage devant dit acatera sans fraude pour le ditte debte payer. Et se fraude estoit trouvée en l'acat, que chieus qui le fraude en aroit faite fust banis à le volenté du signeur et eschevins et à tele amende que eschevin diroient.

(1) *Déseagiet*, *désagié*, mineur ou orphelin en bas-âge.

Item quiconques ara mis sen hiretaige en wage pour quelconques debte que ce soit, que li crediteres puist prendre et lever les meubles et les cateulz (1) qui seront sur ledit hirtage et quellier les fruis et porfis à meurison. Et se pau y a de meubles, que li crediteres puet vendre le hirtage à l'usage du lieu.

Item que nulz ne puist prester son hirtage à autrui pour mettre en wages pour debte d'autrui qu'il ne soit raportés en le main du signeur, sur estre banis de le ville à le vollenté du signeur et eschevins.

Item que nulz n'acate hirtage, se ce n'est por sentenir et du sien propre. Et quiconques acatera qui sera raportés en le main du signeur comme wages, que li acateres le tiegne an et jour, comme sen hirtage sans maitre hors de se main, se n'est par le consel du signeur et eschevins. Et qu'on ne puist faire crier ne coustumer hirtage dusques à dont que il sera marcandé; et qui autrement le fera, il sera à telle amende que eschevins diront. Et est tenus cascuns de dire sur sen serment, se li sires l'en requiert, que il l'ait acaté pour sen tenir et du sien propre. Et s'il en faisoit autrement, il seroit banis à volenté du signeur et eschevins et à tele amende que eschevin diront.

Et se aucuns acatoit hirtage qui fust en wages, u rapportés en le main du signeur comme wages, mains de tornois qu'il ne vausist de parisis par le pris de boine gent, et chieus qui le hirtage aroit esté ou uns siens proismes se trairoit au signeur et eschevins, r'avoir puet cel hirtage et doit r'avoir dedens l'anée pour que il seroit vendus. Et les priseurs desusdis qui priseront les hirtages que on voroit r'avoir doivent prendre li sires et eschevin, sauf çou que se chieus qui le hirtage aroit acaté avoit mis aucune cose ou fait aucun amendement sur l'ir-

---

(1) *Cateulz*, *cateil* de *catallum*. On nomme ainsi les biens mixtes, c'est-à-dire ceux qui, selon les cas, sont réputés immeubles ou choses mobilières, comme les bois de coupe, blés, etc. Voyez BOUTILLIER, *Somme rurale*; MAILLART, *Coûtumes d'Artois*.

tage dessus dit plus qu'il n'i cuist pris, r'avoir le doit par le dit des priseurs dessusdis.

Item se aucuns u aucune banis de le ville et mairie de Marchiennes a mestier de vendre u de faire vendre pour sen porfit son hirtage qu'il ara en ledite mairie, et il voelle faire raport en le main du signeur, li sires est tenus de prendre eschevins, de yaus mener au frait de celi qui tel raport voelt faire au cor de le dite mairie et lieus dont li sires sera souverains pour faire le raport dudit hirtage, ensi que il le feroit se il pooit aler dedens les portes del abbie. Et est li sires tenus à dont de rechevoir le raport que li banis dessusdis vora faire de sen hirtage. Et sera li raport que dessusdis d'autel valleur que s'il avoit esté fais dedens les portes del abbaie de Marchiennes.

Item se homs ou fame gist malades en son lit mortel et ne puist venir dedens les portes de l'abbie por faire devise et raport de sen hirtaige, faire le puet en autel maniere pardevant signeur et eschevins que il feroit se il estoit dedens les portes de l'abbie. Et est et sera d'autel valleur li devise et li rapors dessusdis que s'il l'avoit fait dedens les portes del abbie de Marchiennes.

Item se aucuns ou aucune prent wage d'autrui pour ses denrées que il ara vendues u prestées à lui en quelconque manière que ce soit, que chieus qui les wages dessusdis ara pris et rechupt ne pora nul wage vendre sans coustumer. Et quand li wage seront coustumé, cieus qui ara le wages reçupt doit faire savoir à ciaulz qui li wage sont que il seront coustumé pour vendre. Et doivent estre cil wage vendu après ce qu'il seront coustumé en plain markiet as II merquedis prochains après ensievant par le vendeur sermenté qui sera establis par le signeur et eschevins. Et se vendre ne les puet-on ès II jours de markiet dessusdis, porter les puet cil qui les wages aront reçups pour vendre ù il leur plaira. Et se li vendères dessusdis voelt aucun des wages dessusdis vendre, les doit par tel condition que chieus qui li wage seront le pora racater dedens vii jours et vii nuis apriez en siewans pour le fur qu'il seront vendu et nient puissedi. Et se chieus qui li wage seront voloit dire que on ne li cuist mie fait savoir souffisamment, ensi que dit est, chieus qui lesdis wages aroit recheus et qui le voroit vendre en doit estre creus sur sen serment que il li a fait savoir, ensi que deseure est dit.

Item que nulz qui soit as dras (1) mossigneur l'abbé ne soit au consel ne amparlier por nulle personne devant le loy contre bourgois, habitans ne demorans en le dite ville, ce n'est par le gré du signeur.

Item que nulz ne puist faire drap de flokon (2), ne faus drap, ne drap fait en fausse laine, se n'est par gré du signeur sur le drap perdre et estre banis an et jour de le mairie de Marchiennes.

Item que s'aucuns avoit grasse du signeur de faire tel drap que de flokon et faus drap, qu'il ne puist faire autre drap dou sien, sur le drap perdre et estre banis et congiés du mestier an et jour.

Item quiconques fait faus drap et le venge, il le doit dire à l'acateur et au barguigneur (3), pour quoy il le vent, sur le drap perdre et sur estre banis de le mairie an et jour.

---

(1) *Etre aux draps* de quelqu'un, c'est être vêtu et hébergé par lui. « A Lille i avoit un cavalier qui estoit dou païs de Tulle et estoit *aux draps* Robert de Flandres. » *Specul. hist.*

(2) *Flokon*, tissu grossier fait de fil d'étoupe ou de déchets de laine. Ce mot paraît venir du vieux germain *flocken*, employé dans le même sens par le règlement des tisserands de Berlin, en 1295 : *Prohibemus quod nullus pannos faciat de aliqua falsitate lanæ vel flocken*. Ludewig *Reliq. mss.* II, 627. Ducange, verbo *Flochen*. De là le *froc* des moines. Il y a aux archives de Douai un *ban de le draperie de flokon*, 1299.

(3) *Barguigneur*, de l'anglais *bargain*, marché, accord, *bargainer*, stipulateur d'accord. Ce mot ne se trouve dans aucun de nos voca-

Item que li cordewanier ne facent nul sauler (1) de basen (2) anours soimelles (3) et qu'il ne puissent estofer les solers de cordewan, de bazen ne d'autre cuir que de cordewan, sur iii sols et les sollers perdus.

Item que nul cordewainer ne autre ouvrier de cuir ne puissent taner ne faire taner cuirs que il facent ouvrer par yaus ne par autruy dedans le mairie de Marchiennes. Et se il se vollent mesler de tel mestier que de tanerie, que il ne puissent les cuirs ouvrer ne faire ouvrer par yaus ne par autruy ne faire keudre sollers dedens le dite mairie, sur le cuir avoir perdut et estre banis de le ville et mairie à le vollenté du signeur et eschevins.

Item que nul taneur de cuirs ne puissent les cuirs vendre, s'aront esté eswardé souffissamment par les eswardeurs sermentés et ensigniés de l'asengne que on a baillié à eswardeurs, sur le paine devant dite.

Item se aucuns faisoit taner cuirs hors de le dite mairie, que on ne les peuist ouvrer en le dite mairie, sur le paine dite dusques à dont qu'il aront esté eswardé par les eswardeurs sermentés, se il n'estoient passé par eswart souffisant de boine ville.

Item que nulz taneres ne puist mettre sen cuir en le riviere d'Escarp, descure le mason awouet, au lés deviers le solive, ne encontre ledite maison, ne en fossé qui ait sen efleu en le ri-

---

bulaires patois, qui, il faut le dire en passant, sont tous incomplets. Le peuple se sert de *barguigner* pour hésiter, tâtonner.

(1) Que ce mot *sauler*, *soulier*, vienne de solea, soleum, comme le veut Baïf, ou de sotilaris, subtalaris, suivant Ménage, c'est ce que nous n'osons décider.

(2) *Basen*, d'où nous avons fait *basane*, est le cuir du veau, cuir de faible qualité et de bas prix ; *Calceamenta de vili corio, quod vulgariter bazan dicitur*. Vita s. Albani.

(3) Si *soimelle*, *semelle*, vient de *sapella*, *sapa*, il a, comme *alfana*, bien changé sur la route.

viere descure ledite maison, sur le paine devant dite, ne widier le plain de sen cuir en les lieus dessusdis.

Item que toutes les coses qui ne sont contenues en c'est escript qui poront keir au jugement d'eschevins, que li eschevin jugent as boins usages que on les a jugiés anchiennement. Acordé que se aucuns u aucune vent rente à vie u hirtage à vie, que li proismes du vendeur le puist rescoure parmi les deniers payans. Et convenroit que li hirtages u rente à vie fust criés et menés à loy.

Item il est acordé que nulz tavreniers, s'il est eschevins, ne soit à son vin afforer ne à autruy. Item que se aucuns banis par anées est pris puis se banissure, qu'il en voist ensi que li coustume du kief lieu, là où li eschevin de Marchiennes vont à enqueste, en ordenera.

Petit registre en parch. de 13 feuillets,
écriture du XIVe siècle, coté BBI. 2777.

NOTA. Le lecteur, même le plus familiarisé avec notre langue romane du XIVe siècle, remarquera sans doute bien des obscurités, pour ne pas dire des incorrections, dans l'acte qui précède. L'original ne s'étant point retrouvé, il a bien fallu se borner à reproduire scrupuleusement la copie ancienne mentionnée ci-dessus.

Douai.—ADAM D'AUBERS, imprimeur (1854.)

www.ingramcontent.com/pod-product-compliance
Lightning Source LLC
LaVergne TN
LVHW021006090426
835512LV00009B/2118